重庆工商大学国际商学院资助出版

靳丽遥◎著

# 人力资本对三峡库区
# 新生代移民创业的影响研究

Research on the Influence of Human Capital
on the Entrepreneurship of the New Generation Immigrants
in the Three Gorges Reservoir Area

中国财经出版传媒集团

经济科学出版社
Economic Science Press

·北京·

图书在版编目（CIP）数据

人力资本对三峡库区新生代移民创业的影响研究／
靳丽遥著．-- 北京：经济科学出版社，2024.6.
ISBN 978 - 7 - 5218 - 6054 - 2

Ⅰ. F249. 277. 19

中国国家版本馆 CIP 数据核字第 2024V9K824 号


责任编辑：杜　鹏　武献杰　常家凤
责任校对：隗立娜
责任印制：邱　天

# 人力资本对三峡库区新生代移民创业的影响研究

RENLI ZIBEN DUI SANXIA KUQU XINSHENGDAI

YIMIN CHUANGYE DE YINGXIANG YANJIU

靳丽遥◎著

经济科学出版社出版、发行　新华书店经销
社址：北京市海淀区阜成路甲 28 号　邮编：100142
编辑部电话：010 - 88191441　发行部电话：010 - 88191522
网址：www. esp. com. cn
电子邮箱：esp_bj@ 163. com
天猫网店：经济科学出版社旗舰店
网址：http：//jjkxcbs. tmall. com
固安华明印业有限公司印装
710 × 1000　16 开　12. 25 印张　190000 字
2024 年 6 月第 1 版　2024 年 6 月第 1 次印刷
ISBN 978 - 7 - 5218 - 6054 - 2　定价：88. 00 元
（图书出现印装问题，本社负责调换。电话：010 - 88191545）
（版权所有　侵权必究　打击盗版　举报热线：010 - 88191661
QQ：2242791300　营销中心电话：010 - 88191537
电子邮箱：dbts@ esp. com. cn）

# 前　言

　　自 1993 年三峡库区移民搬迁安置正式开展至今，新生代移民（初代移民的后代，即第二代、第三代移民）逐渐成为移民家庭的主要劳动力以及后三峡时代库区经济发展的主体力量。移民创业历来是移民经济的研究重点，但鲜有研究探讨新生代移民群体创业问题。三峡库区新生代移民人力资本整体水平偏低、提升缓慢，研究其对创业决策与创业绩效的影响有利于揭示新生代移民创业发展困境及破解对策，促进三峡库区移民安稳致富、经济可持续发展。

　　本书从人力资本的四个维度（教育、培训、工作经历和健康状况）的视角，研究三峡库区新生代移民人力资本对创业决策与绩效的影响，主要解决以下问题：一是新生代移民人力资本是否能够推动移民创业决策、提升创业绩效？二是在不同制度环境、社区环境、教育质量的情境下，新生代移民人力资本对创业决策与绩效的影响是否具有差异性？三是新生代移民人力资本影响创业决策与绩效的主要传导机制是什么？

　　在理论层面，基于现有的移民人力资本理论和移民创业理论，本书提出了新生代移民人力资本影响创业的系统理论框架及影响机理。在实证层面，本书基于作者在 2016～2021 年对三峡库区移民创业多次调研的基础上，收集整理三峡库区 656 个新生代移民样本数据，对三峡库区新生代移民人力资本、创业决策与绩效进行了量化分析，并通过计量模型深入检验了三峡库区新生代移民人力资本对创业决策与绩效的影响及作用机制。本书的出版必将对我国库区新生代创业的实践起到积极的推动作用。

本书由靳丽遥负责全书的整体研究设计、问卷调研、系统研究并对全书进行修改、统稿定稿。本书的写作过程中得到了周立新教授和靳俊喜教授的悉心指导和帮助，以及相关学者、重庆市移民局、各区县有关部门的大力协助。在此，一并表示诚挚的感谢。

本书由重庆工商大学国际商学院全资资助出版。

靳丽遥

2024 年 4 月

# 目　录

| 第 1 章 |

# 绪　　论

## 1.1　问题的提出

### 1.1.1　研究背景与问题

（1）研究背景。三峡库区新生代移民创业问题是事关未来移民整体安稳致富和提高生活质量的关键，也是学术界关注和研究的新热点。由于三峡库区的建设，库区移民民生成为日益突出的社会问题。2006 年 5 月 20 日，三峡大坝全线建成后，创业发展成为库区移民安稳致富路径的重要选项，移民创业得到了积极的发展。随着国家经济社会发展速度加快，移民创业中的新生代逐步成为中坚力量。但是，由于库区经济社会发展基础的局限性，移民创业整体情况不佳，新生代移民创业也还在发展之中，主要表现在：一是由于多种因素的制约，库区教育水平普遍不高，交通不便，经济条件不好，新生代移民基本谋生思想占据主流；库区创业支持系统不健全，创业讲座、培训等开展不好；新生代移民创业率不高，创业前由于从业岗位管理性、技术性含量不高，经营企业经验积累很难；新生代移民普遍自信心不高，对就业要求相对不高，宁愿选择低收入水平的工作，也难以走出创业的一步，对创业发展勇气不足，想象力不够。二是创业者创业实作、实践能力还不强，多数还是局限于传统产业发展；创业者机会识别能力弱，社会网络支撑不够，社会背景简单，人脉和社会关系相对单一，创业资源单薄，创业实力和带动力不够。三是创业支持政策体系处于初建阶段，创业服务职能尚不完善，创业宣传也不到位，环境营造方面热度不够；三峡库区市场分散，发展不成熟，加之当时出现的产业空心化现象，创业者缺乏底气。四是新生代移民在就业、创业选择上，利用库区各类资源发展经济、创设企业占比较低，缺乏专业知识，对市场认识不深。因此，在这个阶段，库区新生代移民创业发展遇到了诸多困难，整体处于发展初级阶段。

2015 年 6 月 11 日，国务院印发《关于大力推进大众创业万众创新若干政策措施的意见》，提出推进大众创业、万众创新是社会发展的新动力，是富民之道的根本举措，是激发全社会创新潜能和创业活力的有效途径；设计了深化改革、营造环境，需求导向、释放活力，政策协同、落地生根，开放共享、模式创新的总体思路；推出了完善公平竞争市场环境，深化商事制度改革，加强创业知识产权保护，加强创业人才培养与流动机制等便利创业的体制机制创新目标，规划了对创业实行扶持的财税政策、融资举措、投资机制、服务体系、创业平台、企业业态创新、拓展创业渠道、统筹协调协同机制等战略举措。三峡库区移民创业由此迎来了发展的春天。国家先后陆续发布了一系列促进创新创业的政策制度、促进举措，例如《中华人民共和国企业法人登记管理条例》《中华人民共和国企业名称登记管理规定》《税务登记管理办法》《中华人民共和国工业产品生产许可证管理条例》《互联网上网服务营业场所管理条例》《互联网上网服务营业场所管理办法》《中华人民共和国中小企业促进法》《国家中长期科学和技术发展规划纲要（2006 - 2020 年)》《中共中央　国务院关于推进社会主义新农村建设的若干意见》《中共中央　国务院关于实施科技规划纲要增强自主创新能力的决定》《关于加快发展养老服务业意见通知》《国务院关于进一步加强就业再就业工作的通知》《国务院关于鼓励支持和引导个体私营等非公有制经济发展的若干意见》《国务院办公厅关于加快电子商务发展的若干意见》。不仅如此，国家和各级政府出台了许多优惠政策来支持大学生创业，涉及创业的各项关键环节，如创业指导、创业培训、融资、税收等。国家创业发展的形势越来越好，创业氛围更加浓郁，社会舆论更加宽松。

根据国家创新创业指导思想和政策要求，各级地方政府在库区移民教育、创业教育与培训、鼓励灵活就业创业、企业创办综合服务、企业融资、税收、产业政策扶持、技术平台保障、特殊领域补贴、经营环境规范、封闭领域开放、臃肿累赘无效的制度规定取缔、社会经济发展面上和重要环节发展促进等方面陆续跟进，推动力度逐步加大，移民创业逐步升温，创业发展逐步走向深入，创业促进经济发展、产业结构调整、移民安稳就业与致富效果逐步显现。

从三峡库区调查反馈的情况看，新生代移民创业取得了一定的成绩，但发展并非一帆风顺，仍存在一些发展中的深层次矛盾，从可持续发展的视角出发，必须加以明确和尽快解决。这些矛盾概括起来集中反映在以下方面：第一，人力资本成为影响和制约库区新生代移民创业的主要因素，学校教育、创业培训、工作经历、身心健康状况等从不同的方面直接影响或制约着创业者的创业决策、创业成功率、创业绩效等。受教育水平高、受教育培训机会多的创业者意愿不一定强；反之，有创业意愿的教育培训水平又偏低；总体创业意愿占比不够高，工作经历历练机会不足，身心健康水平也难如人意。从长期发展的角度出发，人力资本成为新生代移民创业的关键制约因素。第二，新生代移民由于人力资本的积累水平不一，创业者在创业机会识别和把握、社会网络支撑、创业操作与实践能力、创业资源拼凑方面表现出较大的差异。总体上讲，创业者的创业实践能力普遍存在欠缺，这既会影响创业者的创业决策，也会影响创业成功率、创业绩效和创业满意度。第三，制度环境、社区环境不仅对人力资本的积累起着调节作用，而且也深刻地影响着创业者的创业能力，如机会识别、创业实战、社会网络的形成和强弱，从而对新生代移民创业产生影响。库区创业环境营造、创业政策适应性和针对性还存在较大的优化空间。

显然，传统的、粗放的移民创业管理与服务体系、政策体系、环境改善力度已经无法满足新生代移民创业发展的新要求。如果未能针对存在的问题精准施策，忽视库区人力资本的积累，不重视创业者群体的成长和增强创业者实践能力，通过创业推动就业、创业推动致富、创业推进产业发展等就难以实现，库区移民安稳致富的目标也会受到影响。因此，政府全面规划、系统设计、综合治理，强力促进新生代移民创业发展，推进创业管理与服务体系、政策支持体系升级、创新，营造一流的创业环境已成必然。

（2）研究问题。深入研究三峡库区新生代移民创业发展的历程、背景和现状，存在以下制约发展并亟须研究的问题：深入剖析人力资本的构成要素，构建人力资本影响新生代移民创业的理论框架；通过实地调查揭示库区新生代移民人力资本与创业现状；实证研究人力资本对库区新生代移民创业决策和创业绩效的影响性、异质性和作用机制，即具体考察不同制度环境和社区环境下人力资本对新生代移民创业的影响，以及机会识别、社会网络的中介作用机制。

本书以人力资本对三峡库区新生代移民创业影响为研究目标，深入剖析人力资本有机构成要素，通过人力资本对创业决策、人力资本对创业绩效的实证研究，以及对机会识别、社会网络中介作用的考察，学校的硬件条件与软件能力、父辈教育观念、创业制度环境和创业社区环境对创业影响的调节作用研究，分析影响方向和水平，在理论上拓展研究的领域与视角，在实践中指导库区新生代移民创业发展，提出三峡库区新生代移民创业发展的政策建议。

## 1.1.2　研究意义

（1）理论意义。

①运用调查研究法、实证研究法等，深入研究人力资本对三峡库区新生代移民创业的影响，在研究视角、研究对象和研究范畴上进行新的拓展，进一步深化和丰富创业理论研究。近年来，聚焦特殊地区、特殊背景、特殊层次新生代移民创业，并从人力资本角度切入，较为深入地研究其对创业决

策、创业绩效的影响，同时考察创业者机会识别能力和社会网络的中介作用，创业者教育中学校的硬件条件与软件能力、父辈教育观念及面临的创业制度环境和创业社区环境的调节作用还比较鲜见，在理论探索上是一个新的研究视角和路径。

②深入剖析、测度和研究人力资本对创业决策、创业绩效的结构性影响。考察教育质量、培训、工作经历和健康状况，及机会识别、社会网络、创业制度与社区环境对创业者创业能力形成的影响，进而分析其对创业的整体影响，这是对库区新生代移民创业研究的深化，在研究对象、研究方法、研究的深入程度以及研究的直接性和研究的长远性方面，是一次理论研究的新尝试。

（2）实践意义。

基于现状调研、理论设计，测度和实证研究人力资本对三峡库区新生代移民创业的影响，找到推进库区新生代移民创业发展问题的破解对策，形成有效的创业促进与服务体系、创业环境，不断加强新生代移民人力资本积累水平，切实提高创业者创业能力，有利于全面提升库区新生代移民创业的意愿、绩效。科学地提出系统性的发展新生代移民创业的优化策略和发展政策促进体系，以指导创业实践，提升三峡库区新生代移民创业发展效果，有利于助推库区移民安稳致富。

## 1.2　研究内容

本书共 7 章，其主要内容如下：

第 1 章，绪论。主要内容包括研究背景、目的、意义、内容以及技术路线图、主要研究方法、可能的创新点及研究不足。

第 2 章，理论基础与文献回顾。科学界定人力资本、新生代移民、创业、机会识别、社会网络、创业决策与创业绩效、制度环境与社区环境等，全面系统地对人力资本理论、创业理论、创业环境理论等进行研究、归纳，对移民人力资本对创业的影响等研究文献进行回顾。

第3章，分析框架及研究假设。根据文献研究和三峡库区新生代移民创业研究，提出了人力资本对三峡库区新生代移民创业影响研究的理论模型，并对主要影响关系做理论分析，为进一步深入展开的人力资本对三峡库区新生代移民创业影响研究做了理论路径和研究框架准备。

第4章，三峡库区新生代移民人力资本与创业现状分析。在指标体系设计、问卷设计、组织调查、样本数据采集与整理的基础上，针对人力资本对三峡库区新生代移民创业影响做了调查和实证研究准备。系统深入地开展了三峡库区新生代移民人力资本和创业现状的描述性分析，并对三峡库区新生代移民创业进行了问题概述。

第5章，人力资本对三峡库区新生代移民创业决策影响的实证研究。利用 Probit 模型对第3章提出的直接效应假设进行检验，以人力资本为解释变量，机会识别、社会网络为中介变量，学校的硬件条件与软件能力、父辈教育观念、制度环境和社区环境为调节变量，系统完整地从人力资本对新生代移民的创业决策进行实证研究。

第6章，人力资本对三峡库区新生代移民创业绩效影响的实证研究。利用 OLS 回归分析对第3章提出的直接效应假设进行检验，以人力资本为解释变量，机会识别、社会网络为中介变量，学校的硬件条件与软件能力、父辈教育观念、制度环境和社区环境为调节变量，系统完整地从人力资本对新生代移民的创业绩效进行实证研究，以其影响方向、程度、影响机理及内在关系等为依据，为优化创业政策、改善创业环境提供理论支撑。

第7章，研究结论与政策建议。总结研究结论，指出本书研究的不足，并展望后续研究；以研究结论为基础，针对三峡库区新生代移民现阶段的实际情况，提出政府创业政策改进点以及不断优化库区移民创业社区环境的系统建议。

# 1.3　研究思路与方法

## 1.3.1　研究思路

本书从新生代移民的特殊性出发，结合理论基础与文献回顾，进行了人力资本对库区新生代移民创业影响的理论研究，构建了研究模型，提出了研究假设，搭建了研究框架；立足实际情况，进行了三峡库区新生代移民创业情况调研分析，围绕人力资本对三峡库区新生代移民创业影响设计了量化测评的指标体系，实施了调研；在此基础上，根据调研数据，运用回归分析方法进行了模型回归分析、估计结果和检验，分别人力资本对三峡库区新生代移民创业决策、创业绩效开展实证研究；最后，根据前述研究成果，进行了人力资本对三峡库区新生代移民创业影响的结论归纳和研究展望，并系统地提出了制定创业政策、优化创业环境的对策和建议。

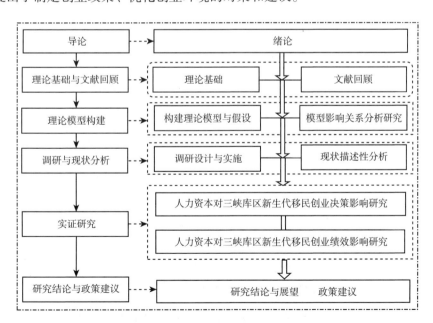

**图 1.1　人力资本对三峡库区新生代移民创业影响研究路线**

## 1.3.2　研究方法

（1）文献研究。对国内外与人力资本、移民创业有关的人力资本内涵、人力资本构成、创业能力及其构成、机会识别、社会网络、创业决策与创业绩效、创业制度环境与创业社区环境等理论以及移民人力资本、人力资本对创业的影响、移民创业等研究文献进行归纳，分析了研究的边界、新思路、新方法、新观点、新成果，研究了以往研究中存在的薄弱环节及亟待开辟的新领域。通过文献研究，为全书研究奠定了理论基础。

（2）问卷调查。运用调查研究法开展人力资本对三峡库区新生代移民创业影响的调查。在调查设计的基础上，参考各相关研究资料，开展人力资本对三峡库区新生代移民创业发展相关的各环节、各方面，如学校、政府、企业、社会公共服务机构、新生代移民、专家学者、相关公众等的调研和访谈，对库区移民创业、人力资本、创业能力、机会识别、社会网络状况、创业政策环境和社区环境状况、创业决策、创业绩效等做了深入的调研和分析。

（3）统计与计量分析。构建人力资本对三峡库区新生代移民创业影响的指标体系，进行系统调研和数据采集，为回归分析打下基础；运用 Probit 定量分析和 OLS 回归分析，分别开展人力资本对三峡库区新生代移民创业决策、创业绩效影响研究，探索人力资本的影响方向、程度及作用情境。

# 1.4　研究创新

（1）构建并量化了三峡库区新生代移民人力资本结构维度、内容及测评指标体系，尝试用义务教育阶段学校硬件条件与软件能力以及父辈教育观念等指标刻画教育质量，补充了国内学界在该领域的研究缺失。

（2）瞄准后三峡时代新生代移民创业的核心问题以及人力资本特征，补充和拓展了新生代移民创业研究。

（3）提出理论框架，将人力资本的四个维度与创业决策、绩效纳入一个框架，对作用机理的考察更加全面。考虑在不同制度环境、社区环境等情境下，人力资本对创业的影响，并考虑了创业机会识别和社会网络的中介作用机制，进一步拓展和丰富了相关学术领域。

| 第 2 章 |

# 理论基础与文献回顾

## 2.1　概念界定与基础理论

### 2.1.1　人力资本理论

（1）人力资本的提出。

人力资本概念其实在很早就提了出来。亚当·斯密（Adam Smith）在他的《国富论》中把人的才能及为了获得才能而付出的教育投入视为资本，而这种资本已经表现为才能并且固定在人们身上，因此，可以将其看成是社会的固定资本。阿尔费弗雷德·马歇尔（Alfred Marshell，1979）在《经济学原理》一书中也使用了人力资本的概念，他认为人力资本具有长期性的特点，家族和政府对其具有重要影响力，对教育的投入可以大大增加国民财富收入。随着社会的不断发展，对人力资本的研究逐步融入主流经济学范畴并逐步系统化。19世纪50~60年代，以雅各·闵沙（Jacob Mincer）等为代表的学者逐步把研究引向深入。1960年，西奥多·威廉·舒尔茨（Theodore Schultz）关于《人力资本投资》的演讲，明确提出和系统阐述了人力资本的概念、人力资本理论原理与意义，他关于人力资本的研究成果构建了人力资本理论的基础框架，现代人力资本理论也宣告诞生。此后，加里·贝克尔

（Gary Becker，1986）在其《人力资本》一书中，较好地阐述了人力资本理论。在舒尔茨和贝克尔人力资本理论研究的基础上，人力资本的影响因素被更多的经济学家运用于经济增长理论的研究，人力资本理论研究得到了新的发展与完善，逐步走向深入。

（2）人力资本理论的发展。

20 世纪以来，人们对人力资本理论的研究不断深入，研究领域与范围进一步拓宽。研究内容覆盖教育投资、健康投资、迁移投资以及就业和收入等，并涉猎了劳动经济学、人口学、发展经济学和管理学等学科；研究方法与研究手段进一步科学化。在 20 世纪 80 年代之后，非内生增长理论在"新经济增长理论"框架内构建了以生产积累的资本代表研究时段知识水准，并将生产技术进步内生化的经济发展模型，进一步推进了人力资本理论的发展。布鲁姆等（Bloom et al.，2003）、塔诺等（Tano S et al.，2014）西方学者分别从教育、医疗、人口迁移等层面分析研究了人力资本投资等问题。此外，在人力资本理论的研究热潮中，大量国外学者、国内学者也积极加入了研究的行列。他们主要聚焦于人力资本的定义、内涵、构成、测量、研究模型、人力资本的影响等。人力资本理论的产生和发展，大大丰富了已有的推动经济社会发展的包括物质资本、劳动力、自然资源等在内的生产要素范畴，使劳动者可以充分发挥个体主观能动性，使全社会都能够认识到提高劳动者素质对推动国民经济发展有巨大推动作用。目前，新经济发展迅速，人力资本理论正处于深入与完善的新阶段，其在现在与未来都将为经济增长提供有力的理论基础支撑。

（3）人力资本的定义。

人力资本（human capital）是经济学概念，也称非物质资本，它与物质资本相对应，体现在劳动者的身上，表现为劳动者的知识、技能、文化水平、健康状况等。它与人身自由紧密联系在一起，不会随着产品的售卖而转移或消失，形成的主要途径是投资。它主要包括教育、卫生保健、劳动力国内流动和移民入境支出等，其中，最重要的是教育的支出。通过教育投资可以提高劳动力工作能力、技术水平，提高劳动者人力资本质量，从而提高劳动者生产效率。劳动者支出的增长，尤其是教育支出的不断增长是经济增长的源泉之一（顾明远，1998）。人力资本比物质、货币等硬资本具有更大的增值潜力，特别是在当今知识经济时代，人力资本有着更大的增值空间。人力资本是活资本，它具有明显的创新性、创造性特征，具有科学有效地配置资源、优化企业战略等主动的市场应变能力。与其他投资相比，人力资本投资对 GDP 增长贡献率更高（田贵平，2011）。

舒尔茨和吴珠华（1960）指出，人力资本是人们获取有用的技术技能，其强调对人的投资，主要表现为劳动者所拥有的知识、技能、经验和熟练度及健康状况，是多方面价值的总和。贝克尔（1964）指出，对人力资本的投资是多元的，最重要的是教育、保健、劳动力国内流动或移民入境等方面形成的人力资本。麦塔（1976）提出，人力资本是居住于一个国家内劳动者的知识、技术及能力总和，它包括人们的价值观、兴趣、态度、创新精神及其他可提高产出和经济增长的人的因素。贝克尔（1987）将健康水平纳入人力资本定义中，提出人力资本包括了一个人的才干、知识、技能和健康水平。国内学者也从不同视角给出了人力资本的定义。李忠民（1999）认为，人力资本凝结于人体并可物化于商品或服务，且能够提高商品或服务的效用，由此分享收益的价值。冯子标（2003）认为，人力资本投资是由凝结于人身上的知识、能力、健康等构成，它是知识、技术、信息和能力同劳动分离后成为独立的商品，并在交换中起主导作用的高级劳动力。朱必祥（2005）指出，人力资本是存在于人身体中并能够给未来带来收益的知识、技能和健康因素所表现的价值。张凤林（2006）提出，人力资本是通过人力资本投资开发而形成的各种能力的综合。张文贤（2008）认为，人力资本是凝结在人们身上的体力劳动者和脑力劳动者的数量和质量相结合的资本。

综上所述，人力资本是劳动者通过教育、培训、工作经历、健康保健和迁移等凝结于自身并能够带来收益和价值的知识、技能、经验和健康等素质的总和，是劳动者质量的反映。人力资本蕴藏于劳动者身上，其控制权和所有权同所有者不可分离，并可通过自身的学习和进步不断提升资本的价值，可以在未来创造出难以估计的收益。

（4）人力资本的类别与特点。

人力资本可以分为不同的类别。舒尔茨把人力资本的投资划分为医疗保健、在职培训、正规教育、经营项目和迁移，并认为人力资本是经济发展与增长的必要条件；卢卡斯把劳动划分成为原始劳动和专业化人力资本；国内学者程承坪和魏明侠（2002）依据收益的差异，认为人力资本有效率性、动力性和交易性三种；李忠民和赵参（2007）认为，人力资本具有一般型、技能型、管理型和企业家型四种；刘万龙和吴能全（2013）把人力资本分为专用型人力资本和通用型人力资本。人力资本既有一般资本的共性，还具有鲜明的个性特征，具体可以归纳为以下方面：一是私有性。人力资本是私有的，其所有者是个人，私有性决定了在交易时仅仅让渡其使用权，所有权仍然归所有者。二是收益递增性和外溢性。人力资本在消耗后能够再生，并且随着使用的增加还可以不断提高和积累资本水平，使自身的劳动技能、劳动水平、实践经验、创新能力不断升级，成为拥有更高层次的人力资本者。显然，人力资本收益呈递增状态。人力资本还具有正的外部性，表现为人力资本的外溢性。三是不可视性和难以测度性。劳动者能力是个隐性的，各类考试制度、资格审核等都难以全面衡量人力资本。四是层次性。人力资本具有鲜明的层次性。如人们可以将人的能力分为学习、完成工作、开展文娱活动、价值创造等能力。五是产权的完整性。它是指所有者必须完全管控人力资本的启动、开发和利用。尽管人力资本使用权可以让渡，但让渡后所有者的使用权须获得使用者的尊重，一旦违背市场交易规则，致使人力资本产权发生了"残缺"，人就会"关闭"部分或者全部人力资本（刘方龙和吴能全，2013）。

（5）人力资本的形成途径。

一是教育投资。教育投资是形成人力资本的最核心投资形式，其他人力资本因素都与教育不可分割。人们通过知识、信息、思想及方法的学习与传播，丰富知识、激发创造能力、提升素质，进而提升人力资本存量，从而间接促进其他人力资本投资效率的提升。

二是在职培训。这是一种为了使受培训者获得专门知识与特殊工作技能而开展的专门化投资，通过培训可以直接地提高受训者工作技能和效率。在劳动过程中，人们还可以不断丰富自身经验以及不断提高工作技能。

三是医疗卫生保健投资。它包括医疗投资与保健投资两个方面。劳动者综合性健康是人力资本发挥作用的前提，通过医疗卫生保健投资，增强劳动者生理、心理素质，使其调整生活状态，延长寿命，人力资本才能更好地发挥作用。

四是迁移投资。是指劳动力在地区和行业之间流动、转移的投资形式。迁移需要支付直接成本、机会成本，它不仅有利于丰富知识、提高能力，而且还可以使劳动者资源配置不断优化，从而提高劳动生产率。

## 2.1.2 创业理论

（1）创业的定义。

"创业"是一个具有特定含义的学术概念。当今世界，创业已经成为解决就业、促进经济增长的重要动力之一。从 1987 年《Journal of Management》开辟创业研究专栏以来，国际上许多学者都对创业研究给予关注。创业的内涵主要表现在创业者个人特性和创业行为两个重要方面。创业者个人特性包括人格特征、创新性、独特性、开拓新事业和谋求发展等，学者们还对创业者、创业组织、盈利、增长、所有者、管理等要素进行了研究。迈克尔·莫里斯等（Morris et al. ，1994）对欧美 1982 ~ 1992 年发表在重要期刊关于管理与创业方面的论文和主要教材中使用的 77 个创业定义通过分析研究认为，开创新事业、创建新组织、资源或生产方式新组合、创新、把握机会、不确定性、风险管理和价值创造等词汇出现频率最高。谢恩和文卡塔拉曼（Shane & Venkataraman，2013）认为，创业就是对创业机会识别、开发和运用的过程，创业机会引发创业过程。因此，机会的识别和利用就是关键的因素和概念，也是创业理论研究的核心问题。在 2008 年，全球创业观察（Global Entrepreneurship Monitor）从更宏观的角度描述了创业概念。其认为创业受到外部环境制约，这些环境因素第一是硬环境、第二是软环境、第三是创业要素，它们直接影响创业活动。国内学者也积极开展研究，提出了自己的观点。林强等（2001）、朱仁宏等（2004，2009）、林嵩等（2006）、张映红（2006）、郑馨等（2008）分别从创业管理的风险性、创业行为价值创造与组织、创业的行为特征、创业的新价值创造与新公司创建特征、组织创新与变革、创业机会与创业研究边界、创业机会识别与获取及其本质、创业机会与创业环境等方面对创业的内涵与本质做了探讨。

尽管学术界对创业定义有不同的理解和阐述，但概括来看，创业的内涵主要包括了以下方面：把握新的机会、开创新的业务、创建新的组织、整合多维资源、管理多方风险、创造新的价值；创业是一种新事业的创建活动。创业就是创业者在研究适应环境与条件的基础上把握创业机会、整合所需资源、建立新的业务、形成新的组织、规避遇到的风险、创造具有某种价值的个体性或群体性行为的过程。

（2）创业决策。

关于创业决策，国内外大部分学者的界定都有以下共同特点：第一，创业需要创业者具有足够的知识、技能；第二，创业需要识别机会、整合资源、管控风险；第三，创业是创造新价值的活动；第四，创业是一个实践的过程而非一个结果。创业的过程是一个管理的过程，决定是否采取创业行为，实际上就是狭义的创业决策行为，这些决策行为涉及诸多的环节和不同的侧面。总体而言，创业决策是创业活动的驱动力。从广义上说，创业行为是创业决策及其行动过程。一些研究者认为，多数人创业符合经济理性的概念，即创业者在创业中会考量创业收益并比较创业成本和收益。创业者的重点在于创业资本、创业动机与政府支持的权衡。显然，研究者在对创业行为、创业过程的认识中，十分重视创业的决策、决定与意愿，否则创业就不会发生，同时对创业过程的各个环节都需要作出理性与感性交织在个体身上的权衡。当今经济发展环境愈加多变，创业环境具有不确定性、模糊性、动荡性，由此导致创业决策变得更加复杂。一是随着知识经济的发展，知识、技术、专利、信息等无形资产的作用日益显著，它们逐渐成为新的开创事业的资源，传统的追求简单"市场套利"的创业模式愈加困难，建立在特有技术、创新技术之上的新型科技创业发展迅速。科技型创业者需要进行更加科学和系统的判断和抉择。二是市场竞争不断加剧，信息碎片化现象更加普遍，创业的风险性和不确定性愈加增强。在此背景下，创业活动以优势互补的团队形式开展创业变得更加普遍，团队在知识背景、工作经验、性格等方面的差异性使得创业决策更趋复杂，个体决策逐步被团队决策模式取代，静态决策逐步转向迭代动态决策模式。由此可见，创业环境进一步复杂化以及创业组织内部结构复杂化使得创业决策的内容、过程、模式愈加复杂。简单的创业决策无法有效地把握科学创业决策的本质，从而有效适应创业研究自身复杂情境的综合需要。

本书认为创业决策是指面对特定的社会环境，创业者在具备创业个体所需的知识、技能、信息的前提下，产生创业动机并作出创业决定，从而把握创业机会、筹集创业资源、开展业务项目创新实践，通过系统的过程实施，获取预期利益的决策行为。它既是创业是否开展的决定，也包括创业过程重要问题如何处置的决定；既是个体创业决策行为，同时也包含群体创业行为决策。创业决策需要围绕"是否创""创何业""如何创"等问题，就市场机会识别与把握、项目选择、商业模式设计、资源整合、资金筹集、组织设计、产品开发、市场营销及内部管理等内容与过程环节中的重要问题作出风险性决定。创业决策必须科学衡量决策速度和决策效果。

（3）创业绩效。

目前，对创业绩效内涵的研究非常多，学者们站在不同的视角，持有不同的认识和观点。钱德勒和汉克斯（Chandler & Hanks，1994）认为应从个体、组织和外部环境三个方面对创业者与绩效关系研究来考察绩效。休斯理德（Huselid，1995）认为绩效是创业行为最终得到的结果或成绩，这些成绩与公司战略目标密切相关。皮埃尔和理查德（Pierre & Richard，2009）组织绩效研究应包括对组织绩效测度利益相关者界定、决定组织绩效平台界定及组织绩效相关时间框架界定三个方面。国内学者对创业绩效也有诸多论述。李乾文（2009）、柳燕等（2009）、马鸿佳（2011）等分别从不同的视角提出了自己的见解。主要观点可以概括为，绩效既反映企业经营效果与效率，也反映企业所有者与管理者的经营业绩。创业绩效可以从四个理论视角衡量研究，即由群体密度与适应力等决定的创业绩效群体生态论、由个人特质与动机所决定的创业绩效认识论、由创业组织战略资源与核心能力等决定的创业绩效资源论、由创业组织战略与环境的适应能力决定的创业绩效战略适应论。创业绩效就是创业者通过一系列工作行为所取得的反映新企业初创与成长的各种结果，其最终目的是实现企业创业目标。

不同学者的考察视角不同，对创业绩效内涵的界定也存在差异，概括起来主要包括以下几个方面：创业绩效是多维的、动态的与环境关联的；创业绩效要通过与目标相对比来考察；创业绩效与利益相关者密切相关；创业绩效可以用创业行为测量；创业绩效需要从个体、组织与环境三个方面综合考察；创业绩效考察要重视过程；创业绩效不能单纯看某一方面，它是个系统问题。本书认为创业绩效就是创业组织在既定目标、特定环境下，通过一系列的创业活动形成的可以定性、定量衡量的创业成果。创业绩效是系统的，不是单一的，它既反映动态属性，也反映多元因素。

创业绩效可以从多个维度加以测量：一是财务指标与非财务指标。即在对创业绩效的测量中，首先以预期目标为参照，对财务绩效进行分析，如投资回报率、资产报酬率、现金流变化、销售回报率等；其次考察一些能反映创业活动特征的变量因素，如相对市场份额、市场开发能力、技术创新能力、相对品牌识别度、顾客满意度、顾客忠诚度、员工忠诚度以及企业规模、类型、所有制结构。二是单一指标与多维度指标。尽管创业绩效的内涵是多维的，但早期实证研究中采用单一维度有时也能较好地反映问题的状况。多数情况下的创业绩效分析都是采用多维指标进行的，创业绩效多维度分析是目前的主流观点。三是主观指标与客观指标。创业绩效研究分析可以分为主观维度和客观维度。比如，有些财务数据虽然可以客观地反映企业经营状况，但准确真实的数据常常难以获取。这时，主观指标方法就显得较为灵活有效，特别是跨行业、多指标、特殊项目的比较和分析更是如此。有些研究也证实了对受访对象主观感受的测量更能准确地反映考察问题的状况，显示了较好的信度和效度。

（4）创业机会识别。

创业机会识别（entrepreneurial opportunity recognition）是创业者识别创业

机会的行为和过程。创业机会识别需要发挥创业者个体因素（包括先验知识、创业警觉性、创造力和社会资本）、机会因素及其他相关因素的交互作用。创业机会识别有两种观点：一种认为机会客观存在于外部环境之中，需要去发现；另一种则认为机会识别是主观的创造过程而非发现过程，机会识别具有创造性。创业机会识别有三个方面影响因素：一是个体因素。它包括创业警觉性，即持续关注未被发觉的机会的能力；先验知识，即人们习惯于注意到与自己既有知识相关的信息刺激，这些先验知识可分为特殊兴趣和产业知识两个方面；创造力，即创新能力，它属于成功创业者的一种性格特质；社会资本，即在创业者和机会间形成纽带的社会网络。二是机会因素。创业机会识别中，人们重点关注的无疑是创业者个体因素，但也不能忽视机会本身。三是各种因素的交互作用。单一因素的影响作用很难科学地解释整个过程。创业机会识别内容也是创业机会识别理论的重点之一。利希滕斯坦等（Lichtenstein et al.，2003）提出以创造能力为基础的多维机会识别过程模型，这一模型将机会识别分为五个阶段：一是准备阶段（preparation），重在知识和技能的准备；二是沉思阶段（incubation），重在创业者的创新构思；三是洞察阶段（insight），重在创意被从潜意识中激发出来，类似于对解决关键问题方法的顿悟；四是评估阶段（evaluation），重在有意识对创意价值和可行性进行评判；五是经营阶段（elaboration），重在对创意进行细化和持续发展。

创业机会识别研究中，创业机会理论（theory of entrepreneurial opportunity）备受关注。它最早由高德纳（Gartner，2007）等提出，谢恩和文卡塔拉曼（shane & Venkataraman，2013）对创业机会的深入研究推进了该理论。他们强调创业研究应以创业机会而非创业者或创业团队为核心。他们从社会心理学视角提出创业机会的存在（incubation）、发现（insight）和开发（elaboration）理论分析框架。关于创业机会理论研究，有两个代表性研究派别分别是经济学派和文化认知学派。

以谢恩和文卡塔拉曼（2013）等为代表的经济学派认为，创业机会存在于环境中，是客观现象。环境变化会导致某些经济领域出现非均衡性以及产品与服务会出现供需失衡问题，商业机会由此应运而生。在非均衡背景下，创业者可以借助多元市场信息和知识识别和开发他人无法捕捉的创业机会、形成创业构想并付诸实践（Gartner，2007）。因此，更具有价值信息（Mario Hayek & Harvey，2012）、更具有丰富经验知识、更加警觉（Gaglio & Katz，2001）的创业者更易发现创业机会。创业机会识别无疑是一个积累信息、知识和经验，并获取竞争优势的学习过程（Piperopoulos & Dimov，2014）。创业者在市场价值比较与评析中，必须有高度的警觉性（张秀娥和马天女，2018）。创业机会不是通过寻找而获得，在很大程度上有赖于创业者的警觉性，柯兹纳（Kirzher）的这个观点得到了凯诗和吉拉德（Kaish & Gilad，1991）、库伯（Cooper，1981）、史蒂文森（Stevenson，1985）、马里奥·哈耶克（Mario Hayek，2010）、谢恩（Shane，2013）等经济学家的认同。

以维克、孔帕尼斯和麦克马伦等为代表的文化认知学派认为，创业机会是主观的，有赖于个体创造（Weick，1986；Companys & Mc Mullen，2007）。创业机会主要源于知识分配的差异性，知识分配根植于社会系统文化特征和理解之中，创业机会并非客观存在而等待着被发现，它是社会行为者借用和组合文化图式与模板开发新的价值和理解，从而有效地构造了创业机会（Companys & Mc Mullen，2007）。因此，支持者认为占有独特文化知识是建立可持续竞争优势的稳固基础（Fombrun，1999）。机会取决于创业者先验经验（Eisenhardt & Schoonhoven，1987），而在创业中，人们在文化、知识和经验的水平等方面的确存在差异（张秀娥和马天女，2018）。个体认知结构基于过往经验形成，包括原型、个例、概念等方面的知识储备，在此前提下，创业者即可在环境变化与市场需要之间建立符合规律的联系，并赋予其全新的商业价值，进而实现创造性的机会识别（Robert Baron，2008）。概括地看，经济学派强调机会的客观性，看重机会的来源和个人因素；文化认知学派则强调机会的主观性，重视机会识别的机制和认知特征。这些理论研究为后续的研究提供了重要的借鉴价值。

（5）社会网络。

社会网络理论最初起源于社会学研究，始于20世纪30~50年代，在90年代之前，它被认为是特定个体间的独特的联系。威尔曼等（Wellman et al.，

2003）在此基础上提出的定义就相对成熟了，即社会网络是由某些个体之间的社会关系构成的相对稳定的系统，"网络"被视为连接行动者的社会联系的系统。随着理论研究的进一步深入，群体与组织等也逐步纳入了社会网络的研究范畴。社会网络概念已超出人际关系范畴，网络行动者还可以是家庭、部门、组织及其他群体等。网络成员差别化地拥有各种有价值的资源，其拥有关系的数量、方向、程度及成员在网络中的位置等，都会影响资源流动的方式、效率和效果[①]。目前，社会网络理论已形成多学科融合的体系并广泛应用于社会学、经济学以及管理学等领域。

社会网络理论的主要内容由强弱联结、社会资源、结构洞三大核心构成。一是社会网络联结的强度（强联结与弱联结）。格尔诺维特（Granovetter，1973）在其发表的"弱关系的力量"的论文中率先提出联结强度的概念。他根据网络主体间（人、组织）互动频率与强度将各主体间关系分为强弱两种关系形式。强关系源于差异小、背景相似、资源重复度高的主体中；弱关系成员之间异质性较强，相互提供多元信息与资源的可能性较大，能为主体提升新的关系价值。二是社会资源理论。科尔曼等（Coleman et al.，2013）提出了社会资源理论，弱关系力量理论深入拓展了社会网络理论的空间。社会资源的融合在社会网络中可以被网络成员获得和利用，并能够为网络主体带来目标价值。资源质量好、数量大、异质性强、成员社会地位高，网络的关系力量就强，就越有利用价值。三是结构洞理论。在1991年，黛博拉贝尔等（Deborah Belle et al.，1991）提出了"结构洞"的理论。该理论提出个人和组织社会网络的两种形态：①网络主体与其他主体均会产生关联，不存在关系间断的现象，网络属于"无洞"结构，且该形态只在小群体中才会存在；②网络中某些个体会与一些个体间发生直接联系，但与另外的个体不会发生直接联系，或者出现关系中断现象，这被称作"结构洞"[②]。可见，结

---

① Wellman B, Salaff J, Dimitrova D, et al. Computer Networks as Social Networks: Collaborative Work, Telework, and Virtual Community [J]. Annual Review of Sociology, 2003, 22 (1): 213 – 238.

② Deborah Belle, Diana Dill, Robin Burr. Children's network orientations [J]. Journal of Community Psychology, 1991, 19 (4): 362 – 372.

构洞理论与联结强弱重要性的假设之间有内在的渊源，结构洞中实际上存在的是弱联结。因此，黛博拉贝尔的观点可被认为是格尔诺维特观点的发展与深化。此外，结构洞也与社会资本有关，即主体拥有的结构洞越多，其拥有的社会资本就越多。

（6）创业环境理论。

①制度环境。目前，学术界关于制度环境研究主要有经济学派和社会学派两大派别。经济学派代表诺斯认为，制度是社会行为规则。它是建立生产、分配、交换关系的基础，是规范社会行为主体行为的框架（North，2008）。诺斯强调制度会对个体行为进行规范、约束和激励。制度是规范行为主体相互行为关系的游戏规则（李雪灵等，2011）。诺斯还将制度环境划分为正式制度环境和非正式制度环境两个类别。社会学派代表斯科特（Scott，1995）认为，制度环境就是一种社会结构范式，制度环境通过对资源科学配置和协调规划来保障社会平稳健康地发展，它主要包括了规制性、规范性及文化认知性三个要素。具体而言，规范性要素指价值观和标准，规制性要素指政府等权威部门发布的用来限制或激励企业行为的政策，文化认知性要素指基于民众共同信仰、共享行为逻辑的社会普遍认知，集中体现了广大民众对某一事物的认知与领悟能力。近年来，国内外有关制度环境的研究取得了诸多成果。制度环境可划分为法律、金融、教育制度与信任关系，进而影响风险投资决策意愿，且对个人创业决策的影响最为显著。制度环境对个体的行为和思维方式具有重要的启示作用，也影响着社会文化环境（Juan Carlos Díaz-Casero et al.，2014）。多数制度环境内涵研究主要集中于规制、环境或规制构成及其产生的影响方面。显然，制度是用以规范人类社会、政治和经济活动行为的规则。制度环境由法律法规、各类政策等组成，它是创业者面临的社会、政治、经济规制的总称。政府、社会组织与个人通过改善制度环境来推动经济发展、创业决策与创业绩效。制度环境发生变化可以直接引导创业者行为发生改变，进而对社会经济发展产生影响。

制度环境的维度。学术界在进行研究时多以斯科特的制度环境概念为基础，科斯托娃（Kostova，1989）提出了三维度的"国家制度环境"（national system environment）理论，创业制度环境的维度构成包括政府政策（规制环境）、普遍共享的社会知识（认知环境）和影响商业行为的价值系统（规范环境）。规制环境是政府鼓励或限制企业创立与发展以及激励、约束企业经营行为的政策、法律法规，属于管制维度；认知环境是一个国家或地区认知结构及共享社会知识情况的反映，表现为与创业者相关的知识、技能、经验、信息获取能力以及识别良好商业机会的能力等，属于认知维度；规范环境是指个人所拥有的人类本性、行为的价值观以及社会对创业行为的价值判断，它包括社会各界对创业者、创业行为、创新思维等方面的尊重程度和认可度等，属于规范维度。制度环境三维度之间存在一定的内在联系。此外，制度环境的三个维度也应分别针对其特定的领域才更为适用。百森里特（Busenitz，2000）以科斯托娃的制度环境三维度理论为框架，研究规制、认知和规范三维度在不同国家对创业行为的影响，研究结论表明，三维制度环境模型可以很好地解释不同国家制度环境的差异及对创业行为的影响。与此同时，国内学者王有松（2009）和杨隽萍等（2013）将原始数据运用科斯托娃制度环境三维模型量表进行分析，结果与原结论非常吻合。

②社区环境。社区环境是社区居民赖以生存与社区活动赖以发生的自然、社会、人文和经济等方面环境的总和。社区环境的构成是多方面的，根据研究的视角和范围的不同可分为广义、狭义社区环境。广义社区环境把社区作为主体来研究外部环境因素对社区的多元影响。狭义社区环境的主体是某一特定社区居民，它研究社区中与居民生活相关的各种因素对社区的综合影响。广义社区环境可划分为自然、经济、文化等环境。狭义社区环境可划分为自然、社会、人文等环境。

社区环境构成要素包含六个方面：第一，社区的环境空间，即社区建筑风格、休闲娱乐空间、道路状况、通信设施、网络条件及停车位、山势地貌、外部交通、子女求学便利性等；第二，居住生活环境，即居住条件对生活空间和生活质量影响、居住环境对生活空间及社区空间持续发展影响、公共绿地对生活空间及空气净化的影响、文体娱乐设施和医疗保健对生活质量影响、社区氛围对生活质量影响、居住环境要素协调发展对社区可持续发展影响等；第三，社区自然生态环境，即空气质量、气候、日照、绿地及饮水等；第四，社会环境，即供水、供电、供气、供热、道路、通信等硬件设施等；第五，社区人际环境，即人文环境、社区交际环境两个方面；第六，社区环境的管理，即各种类型的组织，既涉及了卫生、交通、电力、人身和财产安全管理等物业管理因素，又涵盖了社区管理机制、模式及人员素质等。

③创业环境。创业环境就是那些对组织生存和发展具有关键作用的外部环境因素的集合，可对人们创业意愿产生影响的包含社会、经济、政治与文化及其他因素在内的一系列外部综合因素（Child，1972）。斯科特（Scott，1995）明确指出创业环境包括规章制度、规范制度以及认知制度。威廉高纳德（Gartner W，2007）提出了更加具体的环境因素，创业环境包括创业者可获得的各种资源、大学与科研院所数量、地方政府影响、民众创业态度以及技术因素、供应商力量、交通与人口等因素。全球创业观察（GEM）综合了不同创业环境研究的代表性观点，将创业外部环境区分为一般环境因素和影响创业总体状况的要素环境。一般环境因素主要指资本市场环境、市场开放度、管理技能水平、政府国际地位、科技与研发、人力资源状况、基础设施支持及其他相关组织发展水平等；创业要素环境则主要指创业资金支持、政府创业政策和项目投入、商业法律环境、创业教育和培训、科技研发转换能力、国内市场开放度、创业文化环境及基础设施服务完善等。2008 年，GEM修订了创业概念模型，原来定义中的外部环境分为一般环境因素、创业环境要素，现修改为基础环境因素、效率促进因素、创业与创新因素三类，每一类都界定了具体包含的要素，涵盖的内容与创业活动关系更为直接与清晰。国内学者也提出了很多有见地的观点。许多学者认为创业环境主要还是外部环境因素。如池仁勇（2002）、沈超红和欧阳苏腾（2004）、蔡莉（2006，2007）、刘小元等（2019）主张所有影响创业的因素都属于创业环境，创业环境是一个多构面的有机整体。创业行为会受内部环境、外部环境因素的影响，这些因素包括经济、技术、企业前景、资源、企业创业能力、政府法律政策环境及其他支持创业的因素等。

概括地看，创业环境可以分为狭义和广义两类。狭义的创业环境是指对创业过程更直接、更具体的影响因素，广义的创业环境是为了达到企业目标所有的宏观的、间接的、范畴更大的影响因素。创业活动无论发生前、发展中，直到完成都与所处环境密切相关，创业的全程都必然要受到外部环境的制约，外部环境引导着创业的发生和发展方向。同时，创业组织内部因素无疑对创业活动会有更直接的影响。创业环境是创业过程面对的环境，这些环境因素可以从多个角度分类。就目前多数得到认同的观点来看，可以将创业环境内涵概括为创业过程中直接、间接产生影响的外部、内部因素的总和，包括更为直接、产生作用较强的规制、规范；内部因素包含了促进和制约创业组织开展创业活动的不同层次的管理者、劳动者。

创业环境是多维度的，但这些维度如何划分，还没有统一的标准。创业环境维度划分具有代表性的观点如下：格尼亚瓦利和福格尔（Gnyawali & Fogel，1994）把创业环境分为五个维度：政府政策与行政环境、社会经济环境、资金支持情况、非资金支持情况、创业者创业能力。这种观点受到很多学者的认可①。杨艺（2010）从另一个角度把环境维度分为必要性环境要素（如自然、技术、融资和人才环境等）、支持性环境要素（如制度、文化和社会资本环境等）。全球创业观察（GEM）2005 中国报告（2006）把创业环境划分为金融支持、政府政策、政府项目支持、教育与培训、研究开发转移、商业和专业基础设施、进入壁垒、有形基础设施、文化与社会规范九个维度。国内学者的观点是，创业环境应包括技术、融资、人才、政策法规、文化、中介服务体系、制度环境七个方面的内容（蔡莉等，2006）；段利民和杜跃平（2012）将我国国情与五维度模型结合后提出，宏观创业环境主要由政府政策、资金支持、社会条件等方面构成。上述关于创业环境维度的研究主要从环境构成视角出发加以分析，有利于描述、刻画及测量创业环境。以下对创业环境维度的研究，更加侧重于构成环境因素的特性、特征。其代表的创业环境具有三维度观点：市场多样性、复杂知识需求度及资源可用性与竞争程度；创业具有动

---

① Gnyawali D R, Fogel D S. Dimensions and Research Implications. [M]. Palgrave Macmillan UK, 1994, 16 (2).

态性、敌对性与异质性三个维度；创业环境应具有宽松性、复杂性与动态性三个维度（Dess & Beard，1981；Miller et al.，1985）。

关于创业环境评价模型，格尼亚瓦利和福格尔（Gnyawali & Fogel，1994）在提出创业环境模型，即政府政策与行政环境、社会经济环境、资金支持情况、非资金支持情况、创业者创业能力五维度模型基础上，又通过细分出了28个子维度对创业环境进行了评价研究。全球创业观察（GEM）模型经过研究，从社会、文化和政治三个方面将创业环境划分为一般环境条件（包含开放程度、政府、金融市场、技术和研究开发、基础设施、管理、劳动制度等）和创业环境条件（具体划分为金融支持、政府政策、政府项目支持、教育与培训、研究开发转移、商业和专业基础设施、市场开放环境、有形基础设施、文化和社会规范9个方面52个问题）进行评价。这一创业环境模型和评价方法得到了广泛的采用。而国内学者的研究也非常积极且富有成效。其构建了以宏观经济状况、鼓励创业环境、支持创业环境、服务创业环境、保护创融服务、智力技术、社会服务等为基础的中小企业创业环境评价指标体系（叶依广和刘志忠，2004）；提出包含了经济基础、服务支撑系统、科教支撑系统、文化支撑系统、环境支撑系统在内的五个系统，每个系统又细分为多个包含二级、三级、四级指标在内的创业环境评价体系（周丽，2006），这项研究涵盖因素广、指标设置细，被众多国内学者借鉴。学者们对创业环境评价指标体系的构建各取所需、各有特色，比较一致的是，无论哪种环境评价指标体系都是建立在选择创业项目、设置环境要素、科学设计指标的基础之上。

（7）移民创业。

20世纪60~70年代开始，国外学者对移民创业开展了大量的理论研究，之后，我国学者也加入研究之中。多数移民创业理论源自社会学，主要从社会学角度分析国际移民创业问题，文化性路径、结构性路径是研究移民创业的主要路径，归纳起来主要有以下五种理论。

一是文化理论（cultural theory）。该理论提出从家庭、储蓄、节约、工作道德、遵守社会价值观、宗教信仰等文化特征方面对移民创业问题加以研究和解释（Hoselitz，1964）。文化特征对移民创业存在显著的影响，美国洛杉矶、纽约的华人社区就具有显著的民族认同感与民族文化特征，它们能够有力地解释华裔移民族群具有更高创业比重的原因。同时，包括亚洲人在内的其他很多移民族群也都比较重视家庭的作用，因为其能够帮助移民族群获取创业资金、劳动力和指导帮扶（Yuengert，1993）。

二是少数中间人理论（a theory of middleman minorities）。艾德娜（Edna-Bonacich，1973）在《少数中间人理论》中，用"少数群体"概念来描述研究的主体人群与其他同主流社会存在隔离的非主体人群间的特殊群体，他认为欧洲犹太人、东非亚洲人、土耳其亚美尼亚人、西非叙利亚人，以及美国、日本和希腊人等都比其他的移民族群创建企业的概率更大。

三是移民聚集地理论（the ethnic enclave）。该理论认为，移民集聚地就是移民高度集中、文化特征显著、频繁开展经济活动的区域。这些移民聚集地在欧洲西班牙的移民创业中发挥了重要的作用，是创业项目的顾客与雇员的主要来源地，而且也可能是供应商的源泉（Shinnar et al.，2014）。

四是劣势理论（disadvantage theory）。该理论认为，世界上多数国际移民在到达目标居住国时会存在显著的劣势，而这些劣势势必会影响其创业行为的开展（Fregetto，2004）。

五是社会资本和民族资源利用理论（the social capital and utilisation of ethnic resources）。其主要观点是，社会资本可以显著提高不同族群在经济方面的表现，能够促进企业经济增长、整体提高管理技能、融洽供应链条关系、强化战略同盟的价值、持续推动社区经济发展（Ferragina，2010）。

### 2.1.3 三峡库区新生代移民

"移民"一词最早出现于《周礼·秋官·士师》，它主要指迁移人口。《辞海》中对移民的定义是：迁往国外某一地区永久定居的人或者较大数量、有组织的人口迁移①。《英汉大词典》将 emigrant、emigrate、emigration 和

---

① 辞海 ［Z］. 上海：上海辞书出版社，1989：1973.

emigrator 都译为移居外国（地区）或移居外国（地区）的人①。《中国移民史》对移民的定义是：具有一定数量、距离，在迁入地居住了一定时间的迁移人口。《现代汉语词典》将移民解释为：迁移到外地或外国落户的人②。从已有的研究中可见，其对移民的定义基本相同和接近：主要指人口迁移，是不同地区（国家）之间人口迁移活动的总称。

随着人类经济社会的不断发展，移民的基本定义本质上没有变化，但产生了诸多不同类型的移民，如本书研究的因修建长江三峡水利枢纽工程（以下简称三峡工程）带来的被淹地区居民的移民，即三峡库区移民。三峡工程经过长期的萌芽、设想、论证、规划、决策等系列准备工作③，于 1994 年 12 月 14 日正式开工建设，建成蓄水后形成库区回水到达重庆江津，沿长江两岸淹没中等城市和十多座小城市共计 129 座城镇，共需搬迁安置移民 129.64 万人④。自 1993 年正式大规模搬迁安置移民开始，至 2009 年完成移民搬迁安置任务，前后共历时 17 年⑤。三峡库区第一代移民渐渐退出劳动力市场，进入养老阶段。第一代移民的后代即第二代移民以及第三代移民大批量进入劳动力市场，形成主体力量。本书聚焦研究的是第二代和第三代移民的创业发展。

---

① 陆谷孙. 英汉大词典 ［Z］. 上海：上海译文出版社，1993：561.

② 中国社会科学院语言研究所词典室. 现代汉语词典. 第 6 版 ［M］. 北京：商务印书馆，2012.

③ 1957～1991 年经过了对长江三峡水利枢纽工程的论证、规划、设计、勘察、计划、实施方案等一系列的准备工作，1992 年 4 月 3 日，经过第七届全国人民代表大会第五次全体会议投票通过了《关于兴建长江三峡工程的决议》。

④ 长江三峡水利枢纽工程建成蓄水后形成水库，库首：湖北省内的夷陵、秭归、兴山、巴东 4 区县，移民安置数量为 21.6 万人；库腹：巫山县、巫溪县、奉节县、万州区、开州区、云阳县、忠县、石柱县、丰都县、涪陵区、武隆区共 11 个区县；库尾：渝中区、大渡口区、江北区、沙坪坝区、九龙坡区、南岸区、北碚区、渝北区、巴南区、江津区、长寿区共 11 个区。库尾、库腹、库尾涉及的 22 个区县都属于重庆境内，移民安置数量为 108.04 万人，占整个移民的 83.34%。其中，农村户籍人口移民 55.77 万人，城镇户籍人口 73.87 万人。移民安置工作自 1985 年试点至 1993 年正式实施大规模搬迁安置，共分为四个时期：移民一期（1993～1997 年）、移民二期（1998～2000 年）、移民三期（2001～2004 年）和移民四期（2005～2008 年），以及采取本地安置与异地安置、集中安置与分散安置、政府安置和补偿安置相结合的方式。其中，异地安置分重庆市内和重庆市外两种，重庆市内异地安置到梁平县、垫江县、合川区、铜梁区、璧山县、永川区和江津区七个区县，重庆市外安置到山东省、江苏省、上海市、浙江省、江西省、福建省、广东省、湖南省和安徽省共 11 个省份。2010 年，后移民安置开始进入后三峡阶段，移民工程的工作重点逐渐过渡到移民安稳致富及移民后代的生产发展上。

⑤ 百问三峡编委会.《百问三峡》［M］. 北京：科学普及出版社，2012.

为了便于研究，本书将三峡库区新生代移民定义为：由于国家修建长江三峡工程被动进行搬迁安置的第二代和第三代移民，它包括城镇、农村户籍人员，涉及本地移民安置和异地移民安置人员。三峡库区新生代移民是一个行为模式受移民身份影响、与周边其他群体有显著区别且相对固化的群体，他们的生存发展观念、思维模式、行为方式、发展特点以及他们的创业发展问题，值得深入研究[①]。第一，三峡库区新生代移民的主体是"80后""90后""00后"，其规模及其占移民群体的比重越来越大（邓婉婷等，2011）；第二，新生代移民的成长环境与搬迁安置初期第一代移民的差异较大，他们对农村和城市的社会认知、认同度和工作生活期望值明显不同于前辈，对土地的依赖相对不深，难以适应农耕式的农村生活，渴望城市生活方式，期望有一份稳定的工作、收入，因此，他们与父辈的个人行为导向也不一样。他们不再安于像父辈一样靠出卖劳动力换取经济收入的工作方式。随着生存压力的加大和发展的需要，选择通过创业来改变自己生存状态的人越来越多，以创业带动就业和收入提高成为众多新生代农民工的选择（刘美玉，2013）。

## 2.2　文献回顾

### 2.2.1　移民人力资本研究

世界银行移民项目高级顾问迈克尔·塞尼（1999）总结了移民迁移后面临的八个方面的风险后指出，如果要采取有效措施来推动移民生计的重建，

---

① 该文中提出新生代农民工具有典型的"第二代移民"特点。作者在研究农民工、三峡库区移民群体时发现，这个群体人口有相当大的交叉，从了解并掌握的三峡库区第一代移民户籍看，60%以上是农村户籍，即使迁移到新的居住生活地，绝大多数仍然是农村户籍，他们的家庭主要收入来源仍然是外出务工收入，即他们依然属于农民工群体。因此，本书认为，农民工群体与三峡库区移民群体以及他们的后代，即新生代群体的特征几乎一致，只是研究视角不同，其定义的服务有差异，故采纳了相关数据和观点。

人力资本是一个重要方面。韩振燕（2006）通过研究认为，人力资本促进经济增长的作用越来越大，应该充分重视和加强移民人力资本的开发和积聚，促进移民人力资本再生产，进而提高人力资本存量。加大移民人力资本开发的关键是要进行投资以及构建人力资本开发的管理体制。张艳华和李秉龙（2006）通过调查研究得出的结论是教育、培训、技能等人力资本的回报率不仅可以显著提高农民的非农收入，而且可以增加劳动力的非农参与机会。杨云彦等（2008）在《社会变迁、介入型贫困与能力再造》一书中阐述了人力资本对移民经济恢复的重要作用，提出了移民经济再发展的经济学研究框架，指出以往对非自愿移民关于移民自身人力资本对其经济再发展的影响的研究还不够，应该进行更深入的探讨。胡静和杨云彦（2009）研究发现，迁移后，移民原有人力资本存在失灵现象，强制搬迁影响了移民原有人力资本的积累能力。石智雷等（2011）基于丹江口库区和三峡库区的抽样调查数据对移民人力资本因素作了实证分析，结论显示，人力资本因素对移民经济恢复影响重大，但相比非移民，一些人力资本因素在移民经济恢复中失灵，且搬迁时间不同移民的人力资本失灵状况差异明显，搬迁初期移民的人力资本失效现象更甚，迁移后移民的人力资本需要恢复及不断积累。在劳动力市场较为完善时，人力资本对移民经济发展发挥的效应会更好[①]。范如国和李星（2011）根据重庆云阳县529户移民调查数据对其人力资本因素与家庭劳动报酬的相关性做实证分析，结论显示：移民户的各个人力资本因素（含劳动力文化程度、技能状况、健康状况、就业培训状况、劳动工作持续时间）与其家庭年均劳动报酬收入均存在显著的相关性；家庭年均劳动报酬收入增加会使移民家庭对子女教育的年投入、劳动力医疗年支出增加。周易等（2012）基于陕西省失地农民生计资本调查和研究发现，人力资本中文化程度和年龄等对生计策略影响较大。何家军和张峻豪（2013）以三峡库区湖北移民为例，研究移民人力资本积累的影响因素及其结构，结果表明：经济、

---

① 石智雷，杨云彦，田艳平. 非自愿移民经济再发展：基于人力资本的分析［J］. 中国软科学，2011（3）：115-127.

制度、教育状况与禀赋是影响移民人力资本积累能力的四大因素。提高移民人力资本积累能力，必须改善经济条件，加强政策扶持与投入，加强移民教育、健康水平。年龄也是影响移民人力资本积累的重要因素。胡江霞等（2016）基于三峡库区 491 个移民户的调研数据，实证检验了知识、经验、能力、社会网络的创业绩效的正向影响；社会网络的中介机制以及社区环境在移民人力资本与创业绩效间具有正向调节作用。赵海涵等（2016）以温州水库移民为例开展实证研究，分析了评价人力资本结构优化的路径，提出了优化人力资本结构对策。刘会聪（2018）以丹江口水库二期工程移民村丹阳村为例，以布迪厄的"场域—惯习"理论为基础，辅以人力资本理论，对迁移前后移民生计模式、人力资本对比进行了分析，同时，对移民人力资本破坏与重构的机理、路径和实现策略作了深入研究，认为移民生活水平的恢复取决于生计重建，而生计重建的关键在于人力资本重构。何思好等（2019）选取四川和云南交界处的溪洛渡、向家坝水库移民为样本，从场域视角解释水库移民可持续发展面临的困境，通过定量对比分析了移民前后人力资本、社会资本变化，总结了移民政策在帮助移民重建人力资本、社会资本方面的成效和不足，提出了相应的建议。何家军等（2020）基于三峡库区 A 县 2000～2016 年共计 17 年的统计数据构建了区域人力资本计量模型，得出了区域人力资本综合指数，之后建立了区域人力资本综合指数及其构成要素与区域人均 GDP 关系的计量模型。根据计量模型的分析，A 县要提高人力资本存量，必须要提高人口素质、医疗水平和社会保障水平，加大教育事业和医疗卫生事业的投入，不断提高教育质量和医疗卫生服务水平。

基于以上分析可知，对移民人力资本的研究，更多的是从移民人力资本重要性、人力资本构成因素与移民家庭收入关系相关性、积累移民人力资本与加大投入的关系、移民导致短时间内人力资本失灵及对策、基于社会网络中介作用及社区环境调节效应的人力资本水平对移民创业绩效的影响、移民人力资本结构优化路径对策、移民人力资本存量水平与移民人口素质、医疗水平、社会保障水平的正向关系等视角切入，提出各自的观点和见解，其中，就移民人力资本本身的功能作用、结构、积累及与移民收入、经济增长的关系研究较多，而开展移民人力资本对移民发展事业的具体领域的影响和评价研究较少，从移民人力资本对移民创业、新生代移民创业的影响这一角度研究人力资本的则更少，且不够深入，因此，无论是在研究切入点还是研究对象及研究方式上，都还需要深入拓展。

## 2.2.2　移民创业研究

（1）国外学者移民创业研究。从 20 世纪 60 年代开始，国外学者通过研究陆续提出了多种理论，影响较大的有以下几种：巴顿和何赛利兹（Banton & Hoselitz，1960）提出了文化理论，他们提出以家庭、储蓄、节约、职业道德、社会价值观、宗教信仰等文化特征作为民族资源解释移民创业原因。艾德娜（Edna Bonacich，1973）主张用"少数群体"来研究主体人群与非主体人群之间的群体，他发现移民世界各地的犹太人、亚洲人、亚美尼亚人、叙利亚人、美国人、日本人和希腊人等相对于其他的移民而言，创建企业的概率更大。有学者指出，大部分国际移民在前往居住国时，都会表现出明显的劣势，这必然会影响其创业行为（Fregetto，2004）。希纳尔和永（Shinnar & Young，2008）提出了移民聚集地（the ethnic enclave）理论，他发现，在西班牙移民创业者中，移民聚集地有着非常重要的作用，后者成为顾客、雇员的主要来源，甚至供应商的源泉。弗瑞吉娜（Ferragina，2010）提出社会资本能够提升不同族群经济行为表现，推动企业成长，增进管理技能，增强供应链关系，提高战略同盟价值，支持社区经济发展，从而形成了社会网络、社会资本和民族资源利用理论。

从个体的视角出发，移民创业的影响因素主要包括个体特征、人力资本与经济能力等方面，而年龄、受教育水平、工作经验丰富程度对移民创业选择的影响具有明显的不确定性。实证研究结果显示，曾经的就业经历、管理经验、创业经历与创业的选择呈显著相关关系（Gimeno et al.，1997）。鲍恩等（Baù et al.，2017）通过瑞典创业者样本研究认为，年龄、性别和先前经验等人力资本要素在创业不同阶段具有不同的重要性。创业者内在风险约束促使其在既有财富与创业选择方面呈显著正相关关系（Evans & Jovanovic，1989）。桑德斯和尼（Sanders & Nee，1996）认为，移民家庭共同利益与血缘关系结构这一强关系网能够为创业者提供劳动力、资金等方面的支持，这对创业具有很现实的意义。从创业成本的视角研究社会关系网络，认为社会关系网络规模与结构会影响创业选择。无论是直接支撑还是间接支撑，社会关系网络都可以积极地促进移民创业（Allen，2000）。罗伯森等（Robertson et al.，2016）研究发现，企业决策与社会心理影响有直接关系。社会资本的使用、文化和民族的认同，以及文化适应和感知歧视等方面都与企业决策存在关联。社会心理因素在移民获得各类资源、选择创业类型以及定居意愿等方面起着十分重要的作用。

多个研究认为，驱动移民选择创业的因素有两个：一是就业处于劣势与移民族群独特资源。移民就业劣势主要是语言障碍、母国所受教育和现有技能不适应居住国就业市场要求（Barrett et al.，1996；Beckert & Zafirovski，2013）。大多数移民还会遭受居住国就业壁垒等负面因素的制约（Mora & Dávila，2005）。并且，跨国移民难以融入当地居民非正式网络与综合信息渠道，所以移民找到适合自己的就业岗位的难度就更高了（Rezaei & Goli，2009）。在既有劣势与环境歧视下，能保持尊严、增加收入、提高进入主流社会概率的最佳选择就是创业（Rath & Kloosterman，2000；Bates et al.，2018）。二是由于具有把握迁移机会的经历，移民识别创业机会的能力被认为会更强（Hart & Acs，2011）。国际移民拥有的特殊资源增强了其自身的内聚力、团结互信的氛围（Aldrich & Waldinger，1990；Pruthi et al.，2017）及共同的社会文化特征（Light & Karageorgis，1994），所有影响因素都可能会成为移民发掘创业机会、获得创业资源的渠道、降低移民创业者劳动力与融资的成本（Portes & Zhou，1992）。

科尔和曼多夫（Kerr & Mandorff，2015）实证研究发现，移民创业明显地存在不同的国别、族裔集聚在某些行业的情况。小群体与社会隔离并且通过紧密的社会网络联系为同族群人在某创业领域提供有竞争力的优势情况。礼萨伊等（Rezaei et al.，2009）研究认为，缺乏资本、融资困难使见效快、收益稳、技术含量低的传统行业成为移民创业的首选。塞奎拉和拉希德（Sequeira & Rasheed，2006）在研究人力资本在社会网络的调节效应后指出，语言能力强以及移居目标国后接受高等教育的移民在新兴领域创业的概率会更大。诺德佛和普瑞姆（Ndofor & Priem，2011）实证研究后认为，移民创业明显存在内部导向与外部导向两种发展路径。

有关移民创业绩效的研究并不多见。研究发现，参与型移民创业绩效低于低社区参与型移民创业绩效，且前者的目标达成满意度和正现金流都低于或小于后者。这表明过度关注本民族移民市场可能会对移民创业绩效产生不利影响（Chaganti & Greene，2002）。诺德佛和普瑞姆（Ndofor & Priem，2011）采用结构化方法评价了移民创业绩效，结果显示，移民创业绩效取决于企业所拥有的资源与所选择的创业内部因素制约和影响，移民会立足市场或族群资源作出各异的创业选择路径的匹配度。其中，同民族移民聚集效应会产生更好的创业绩效（Kalnins & Chung，2006）。美国移民创业者创业回报受英语水平影响明显，英语水平低的创业者创业回报率普遍低于英语水平高的创业者（Evans，1989）。

综上所述，国外对移民创业的研究主要集中于移民创业的深层原因和直接动因、创业影响因素、创业路径、创业绩效及其评价等方面。研究涉及受创业深层原因影响的文化因素、特别的社会人群发展因素、移民生存发展需要因素、移民集聚地资源与条件影响因素、移民社会网络因素，以及直接的就业压力逼迫、语言障碍限制、避免因社会地位被歧视、同族资源利用等方面因素；还涉及移民创业的人力资本的具体维度与衡量因素，社会资本的多个方面对创业的影响方向、影响程度、推动作用、制约等；也涉及移民创业的发展路径、渠道、轨迹，讨论了拥有不同资本的移民可能创业的领域和类型；对不同类型社区移民的创业绩效、运用不同方法考察移民创业绩效、影响创业绩效的因素等都有所研究。对于所在国内部水库移民、项目建设移民、城镇化移民、易地搬迁移民的创业问题涉及很少，对新生代移民创业没有涉及，这也与不同国家户籍制度、经济社会发展状况不同有关。

（2）国内学者移民创业研究。国内的移民实践表明，非自愿移民的迁移过程往往伴随着诸多风险，而其中最基本的则是在经济上工程移民占到了较大的比重。由于重工程、轻移民现象的普遍存在，早期的一些水库移民安置工作并不算成功。据统计，20 世纪 80 年代以前，1500 万水库移民约有 1/3 重建了家园，恢复和改善了生活，1/3 移民可以勉强维持生计，还有 1/3 移民仍处于绝对贫困中（余文学等，2000）。为减少水库移民后遗症，我国从 20 世纪 80 年代中后期开始推进了由补偿性移民向开发性移民的移民安置理念和实践的重大转变，移民创业发展越来越受到重视。近年来，国内学者关于移民创业的研究也在不断丰富，研究重点主要集中在以下几方面。

关于移民政府服务体系作用与营商环境。史俊宏和赵立娟（2015）提出，政府应该从宏观上重视生态移民创业服务体系的构建、资源依赖型生计模式创新、生计多样化及非农就业服务机制构建等，以提高生态移民生计转型能力。水库移民在安置地创业离不开政府扶持，移民后期扶持要向移民创业倾斜，注重培训效果，加大资金支持、政府相关部门的联动支持（王沛沛和许佳君，2013）。其他学者也关注了政府管制等影响因素的作用（陈刚，2015；袁卫等，2016）。在水库移民后期扶持中，要加强移民创业项目规划，转变创业方式，加强政府政策落实，加大资金支持力度，拓宽移民培训渠道（陈子薇和许佳君，2017）。

关于移民创业影响因素。王沛沛和许佳君（2013）研究发现，水库移民的金融资本、人力资本和社会资本对创业有着显著影响。社会网络对城乡家庭创业收入有显著正向影响，对于需要依靠家庭强关系提供物质资本多元支持的农村地区而言，社会网络的作用更为明显（张博等，2015）。杨孝良和王崇举等（2015）项目研究结果显示，社保制度、社区工作效率、社会资本、非农业户口对移民创业存在显著正向影响；打工经历、年龄、家庭劳动力数量对移民创业存在显著负向影响关系。李志飞和曹珍珠（2016）以湖北省水库移民调查数据为据，实证研究表明家庭需抚养或赡养人数、可行知觉、期望倾向、职业类型、创业渴求、家庭劳动力人口、资金保障、家庭总人数、文化水平及是否为党员等都是影响水库移民旅游创业意向的重要因素。毛丰付和白云浩等（2016）基于城市商贸移民的自雇创业进入方式及其影响因素研究，认为商贸移民自雇创业对于社会网络的依赖性较强，其个体特征、工作经历、关系强度、网络异质性及企业特征对商贸移民的自雇创业进入方式存在显著的影响关系，而教育水平和网络规模的影响关系却并不显著。张则月（2018）认为，水库移民群体生存压力、代际特征，以及移民区资源优势是水库移民创业的动因，在此基础上，从区位优势、基础设施、政策扶持等方面阐述了创业应具备的条件。

关于移民创业机会识别及其中介作用研究。移民创业机会识别研究相对较少。李俊丽和陈琴（2021）构建了失败情况下农民工的创业学习对创业机会识别能力影响模型，研究表明，创业失败学习对于再创业机会的识别能力有显著的提升作用。何文俊等（2019）认为，判断创业机会是否成熟的能力会直接影响创业决策的有效性，由此提出了提升农民工返乡旅游和创业机会能力的对策。靳丽遥等（2018）采用三峡库区移民创业调查数据通过研究得出结论：三峡库区移民创业者的先前经验、信息资源对于创业机会识别存在显著正向影响关系，信息资源在先前创业经验与创业机会识别之间起着完全的中介作用，在先前创业培训经验与创业机会识别之间起着部分中介作用。周立新（2019）实证检验三峡库区移民父辈社会资本、先前经验对移民创业机会识别的影响后认为，父辈社会资本对于创业机会识别存在显著的正向影响关系，先前创业、创业培训、管理经验对创业机会识别都存在显著正向影响，而先前专技培训经验对创业机会识别则有显著的负向影响。一些研究者还对创业机会识别的中介作用开展了研究。如胡瑞和王丽（2009）、刘万利（2011）、任燕（2012）、宋清华（2016）、张秀娥（2018）、孙反（2019）等，分别研究了创业意向影响机制、主动型人格促进创业意愿、团队创业认知对创业决策的影响、大学生创业意向理论模型的建构、新创企业绩效的作用机制、个体信息能力对创业意向的影响等，创业机会识别的中介作用和效应，深入研究了创业机会识别的影响关系。这些研究主要针对一般意义上的创业者、创业团队、农民工和大学生创业问题研究中的中介效应，尚未深入到移民以及三峡库区移民创业的领域。

关于移民社会网络及其中介作用的研究，目前对社会网络的研究主要是针对其内涵、维度、测量以及作为研究问题的各种变量（解释变量、被解释变量、中介变量、调节变量）来开展的，涉足的方面波及各个领域，而且对于创业领域的研究也大多如此，专门针对移民创业中社会网络问题进行研究的文献更少。格雷夫和萨拉夫（Greve & Salaff, 2011）研究认为，社会网络是有效识别创业机会的重要推动因素。社会网络对再创业绩效的影响非常显著，社会网络与再创业绩效间通过创业学习、资源整合及动态能力来产生影响（吴绍玉等，2016）。法鲁克等（Farooq et al., 2018）研究发现，社会网络既直接影响创业意愿，又可以通过主观规范、感知行为控制以及创业态度对创业意愿产生间接的影响。胡江霞等（2016）在研究人力资本与移民创业绩效关系时发现，人力资本是社会网络重要的驱动因素，就业质量也是移民社会网络形成的重要前置因素，移民社会网络在就业质量与社会融合之间起着部分中介作用。余嘉璐等（2020）发现，创业教育对大学生创业意愿有显著促进作用，且自我效能与社会网络起到链式中介作用。杨隽萍等（2019）在创业团队异质性对机会识别的影响研究中考察了社会网络的中介作用，发现创业团队内外部异质性对新创企业机会识别和社会网络构建均呈现出积极的影响；社会网络与中心性可以正向影响机会识别，并在创业团队异质性及机会识别之间起到部分中介作用。

关于移民创业决策与企业经营，三峡库区农民（工）或微企创业决策、创业成长影响因素主要包括创业者个体特征、社会资本、政策环境等[1][2]。商德锺等（2010）以新安江水库移民为例，对移民社会资本变迁影响移民发展选择进行了研究。王沛沛和许佳君（2013）认为，移民创业最主要的方式是合作发展，即成立农民专业合作社，走规模化、集约化道路。孙泽建和刘志军（2014）研究移民创业经营情况后发现，尽管移民有很强的创业动力和积极的经营活动，但由于资金、社会关系和技术等条件的约束，其创业项目表现出

---

[1] 周立新. 家族社会资本、先前经验与创业机会识别：来自微型企业的实证 [J]. 科技进步与对策，2014, 31 (19): 87 - 91.

[2] 周立新，苟靠敏，杨于桃. 政策环境、关系网络与微型企业创业成长 [J]. 重庆大学学报（社会科学版），2014, 20 (3): 70 - 76.

风险低、技术含量低、非农比例高、转型动力强等特征。刘志军（2015）对三峡移民调查发现，由于人力资本、社会资本均不存在优势，移民会选择投资少、收益高的灰色生意，这明显地表现出了结构主义者的市场排斥特征。

国内学者对移民创业主要集中在移民创业政府服务体系、营商环境、移民创业影响因素、移民创业机会识别、社会网络、创业决策与移民创业企业经营等方面。在政府服务、营商环境建设方面主要研究了服务体系构建、服务机制完善、政策倾斜、资金扶持、培训开展、创业项目拓展的领域；在移民创业影响因素方面主要研究了水库移民具有的金融资本、人力资本（含多维因素）和社会资本持有及其影响、社会网络对移民创业的影响、其他综合因素对移民创业的影响、各类资本对移民自雇创业的影响，以及移民代际特征、资源状况、生存压力等对移民创业的影响等；在移民创业机会识别、社会网络、创业决策、创业企业经营特征方面，对其影响因素、资本构成、政策环境、经营特征、项目类型等都有较深入的研究成果。学者们对新生代的研究关注点主要集中在新生代农民（工）、城市新生代市民的创业方面，而对新生代移民、新生代水库移民创业的环境、影响因素、人力资本发展、人力资本对创业决策和创业绩效的影响很少研究或没有涉猎。

（3）国内学者对三峡库区移民创业的实证研究。作为迄今为止国内动迁规模最大、涉及面最广的水库移民工程，三峡移民工程的实施受到了社会科学界的广泛关注，而移民经济生活恢复与发展研究是学术界关注的重中之重，该研究主题涉及面较广，现将具有代表性的实证研究归纳如表 2.1 所示。

**表 2.1　三峡库区移民创业的实证研究汇总（按时间顺序排列）**

| 文献 | 数据来源 | 实证结论 |
|---|---|---|
| 叶嘉国（1997） | 湖北省宜昌县、秭归县的首批移民 | 初代移民具有生产资料变化大、收入来源少且不稳定、主体能动性弱、对政府依赖性强等特点 |
| 马德峰（2000） | 重庆市云阳县810位移民 | 初代移民社区适应状况较好，安心生产、劳动致富的氛围也已初步形成。部分遗留问题，如土地数量偏少、住房质量较差、社区整合不规范、社会帮扶制度不健全等问题 |

| 文献 | 数据来源 | 实证结论 |
|---|---|---|
| 程瑜<br>（2001） | 广东移民办的<br>数据 | 移民心理不平衡、文化价值观不相容、工作安置不到位、土地质量参差不齐等问题 |
| 风笑天<br>（2004） | 三峡农村移民的<br>社会适应性项目 | 移民搬迁后，原有的人力资本丧失，副业经营能力下降，从事副业的家庭由85.1%下降到78.9%，从事工商业经营家庭由22.0%降到8.3%，在本村和本镇打工人数也由24.9%下降到21.1%。显然，搬迁后的人力资本重建迫在眉睫 |
| 郝玉章<br>（2005） | 南京大学社会学系于2003年9月对江苏省射阳如东大丰东台四个县市的227户移民的调研 | 在搬迁之前，有64.3%的受访者或其家庭成员外出打工，但是搬迁后该比例明显下降，低至21.6%。由于移民关系网络、发展技能均相对缺乏，与迁居前相比，有78.4%移民收入减少，只有13.4%的家庭收入有所增加，因此，75.8%的移民对家庭经济状况存在不满意倾向；有一部分移民对未来增收存有信心，并把希望主要放在饲养禽畜、种植经济作物以及自主创业等方面。有45%移民与当地人交往相对较少，多数移民已逐步融入当地社会，生产性交往日益增多 |
| 许佳君<br>（2005） | 浙江安置区353户移民的抽样调查 | 移民从事运输业、家庭加工、小商品买卖等商贸活动的比例为15.9%，远小于2011年和2020年的比例 |
| 马德峰<br>（2005） | 江苏省大丰市的<br>三峡移民 | 外迁前，移民并非把务农作为获取经济收入的唯一来源，家庭手工业和其他副业是获取生活来源的重要渠道。由于家庭副业手工业多以当地土特产为原料，产品销售也有赖于具有特定地域文化特性的市场，务工经商既需要资金、信息，又需要一定的社会关系支持，条件并不成熟。由于搬迁导致周边环境发生了较大变化，发展家庭副业、手工业所需原料、资金和关系资源大为减少，80.1%的移民不得不开发新的创收渠道，比如运输、生猪屠宰、木业加工、开办酒店等；66.2%的移民妇女也学起了栽桑养蚕、种花植棉、种植蔬菜，取得了较好的经济效益 |
| 石智雷<br>（2008） | 丹江口库区3145户和巴东三峡库区416户居民 | 移民的文化水平依次为：文盲占18.2%、小学占30.8%、初中占41.0%、高中及以上占10%；家庭劳动力总数、家中有无自办企业和耕地质量等因素对移民家庭经济发展有着显著影响，家庭劳动力越多，家人中有自办企业且家庭耕地质量越好的移民户，其家庭经济恢复状况越好。家庭健康投资和家庭教育投资对于三峡库区移民家庭经济发展有显著的正向影响，平均文化水平和家庭成员有无教师这两个变量对三峡库区当地居民家庭的经济发展有显著影响。也就是说，家庭人力资本在量上也会影响着移民家庭的经济恢复。因此，为了实现移民经济恢复和发展，当地政府对移民小规模经营或自办企业作出了适当的鼓励和扶持，给予他们以政策上的优惠和经营上的引导，并加强市场培训和宣传 |

续表

| 文献 | 数据来源 | 实证结论 |
|---|---|---|
| 周银珍<br>(2009) | "三峡库区农村移民外迁安置工作总结性研究"课题组发放的问卷 | 移民除种植之外，最主要的收入来源仍是外出打工，该比例高达85.11%。搬迁后，移民职业角色选择性无法保障，54.8%为外出打工，45.2%为经商或者发展副业，收入来源路子较窄，难以找到适合自身的发展路径。由于外迁移民文化水平和技能水平普遍不高，进入第二、第三产业就业的机会不多。移民整体收入水平逐步恢复其原有水平相对较为容易，但要达到当地家庭收入水平，则还需要学习和掌握各种技能才有机会实现。政府也正在推动与各类企业的合作，安排接受过培训的移民进入技术含量相对不高的企业岗位务工，这是一个较好的选择 |
| 彭豪祥<br>(2010) | 湖北省内 468 名后三峡工程移民 | 在人际关系的处理上、自然和行为适应上以及劳动方式的适应上，不同年龄段的库区移民存在特别显著的差异（F = 14.71，p < 0.01），低年龄段移民适应性明显好于高年龄段移民；不同文化水平移民存在特别显著的差异（F = 14.39，p < 0.01），表现为高文化程度移民适应性明显好于低文化程度的移民。因此，相对于老一代移民而言，年轻且受过更高教育的移民更善于融入当地社区文化、开拓新的发展机遇。此外，在时间、空间两个维度中也表现出创业经营较为活跃的特点 |
| 吴炳义和郭程<br>(2010) | 重庆市开县外迁至山东和就地后靠的移民 | 移民收入来源主要是打工、种植粮食蔬菜，而当地居民则是养殖业、自营业；养殖业为收入主要来源的当地居民达47.8%，而移民的同一比例仅为2.8%。因此，移民与当地居民收入来源结构的明显差别以及移民以打工为主的单一收入模式显然是造成移民初期收入较差的主要原因之一。近年来，移民群体逐步融入当地群众，尤其是与村干部的关系好于与乡干部的关系，在社会融入中得到较高的社会支持，并在逐步学习和创立养殖企业 |
| 黄斌拴<br>(2012) | 大昌镇当地三峡移民 | 市场具有的明显排他性造成移民经营很难在安置区获得市场准入 |
| 孙泽建<br>(2014) | 奉节县迁移到浙江的首批 142 户移民 | 由于受到人力资本、社会关系、生产资料、职业技术等约束。奉节移民在老家主要从事脐橙种植，有63.6%的移民家庭的主要收入来源中包含果树种植，将其作为第一收入来源的则达到49.2%。在迁入浙江之后，移民无法继续果树种植，工资性收入逐渐取代了原先果树种植在移民收入构成中的地位。2011年，运输、小生意等经营性收入的比重有了较大提高，达到了43.1%。其中，具有与父辈不同价值观和教育程度的年轻移民加入，使移民群体劳动观也在悄然地发生变化。他们具有较高的消费要求和更高的发展预期 |

通过对现有文献的研究，已有研究在主题和方法上存在一定局限性，还不够丰富。第一，移民生产生活的可持续性是现有研究关注的重点，不过这

类研究较重视初代移民的生计转换，关注新生代移民长期经济发展状况的调查研究较少。第二，已有研究对贫困风险、扶持政策的讨论较多停留在理论与政策层面，很少深入移民的主位视角。第三，由于搬迁初期移民副业经营出现萎缩，已有研究缺乏对新生代移民创业、小规模产业经营发展做专门探讨。而要真正实现开发性移民的发展目标，使移民逐步能致富，不能不对移民创业行为加以关注。同时，随着农村生产方式的变革，新生代移民的经营状况在事实上也已悄然发生了较大的变化。

### 2.2.3 人力资本对创业的影响研究

（1）人力资本对创业的影响。早在 1997 年，就有学者提出拥有较高人力资本存量的创业者一定会从创业中获得合适的收益。帕里延多和桑佐约（Priyanto & Sandjojo，2005）等认为，受教育水平通过转化为创业者能力会影响创业绩效。人力资本资源积累对创业者机会识别和创业行为的影响程度更大（Haber & Reichel，2007）。高建（2008）认为，地区人力资本水平越高，创业活动也会更为活跃，创业水平创业绩效也比较高。汪三贵（2010）研究认为，农民工人力资本会直接影响创业意愿与创业行为，且受教育水平更高、接受过职业教育的农民创业意愿会更加强烈；相较于义务教育阶段，高中及以上教育获得的专业知识与专业技能会帮助农民工更好地开展创业经营活动，从而明显提高创业概率。某研究以缅甸 1776 家小微企业为对象，发现基础教育投资对小微企业绩效促进作用最为显著，商业经验的影响则微乎其微（Onphanhdala & Suruga，2010）。蒂蒙斯（Timmons，2008）认为效率性人力资本是指农民创业者完成某项目需要具备的基本素质，如知识技能、工作经验、能力素质、健康等。效率性人力资本是人力资本的核心内容和获取创业绩效的根本保证。在中等收入国家中，创业型的人力资本的作用相对会更为重要，但在较富裕的国家中，专业型的人力资本的作用相对更为丰富（Wei Z & Li-Li E，2001）。创业型人力资本在发展中国家有不同的表现，可能会陷入发展陷阱，使创业企业发展的可持续性受到影响。布瑞琪

（Brush et al.，2017）利用全球创业观察（GEM）数据研究人力资本因素（教育、感知能力）或情境因素（经济、政治环境）对男女创业者的影响情况，结果显示，经济参与和创业者专用性人力资本（感知能力）是影响创业与否的关键。

（2）人力资本对创业意愿和创业决策的影响。国外学者认为，人力资本与创业意愿、创业决策有着密不可分的关系，其能促使创业者更好地作出决定，获取更多的知识，有利于新创企业长期成长。通识教育、专业培训为创业者贡献了显性知识，对于创业者克服困难和作出正确的决策非常有利（Siegel & Macmillan，1993）。由于新创企业组织架构不够健全，战略模式尚不清晰，创业者在决策中起着主导作用。人力资本因素对市场不确定性与竞争格局的感知能产生十分重要的影响，进而对创业者战略决策产生影响（Gimeno et al.，1997）。克鲁维等（Klyver et al.，2015）研究认为，创业者在决定创业的过程中，要考虑其机会成本对创业产生的影响。国内学者关于人力资本对创业意愿、创业决策的影响也有诸多研究，较有代表性的有：杨其静和王宇锋（2010）研究认为，创业者人力资本、可支配财富、教育程度等禀赋因素是影响创业决策的重要因素。张广胜和柳延恒（2014）研究认为，新生代农民工创业型的就业意愿与务工中人力资本提升等因素有关，而且受教育水平等变量与新生代农民工创业型就业意愿显著正相关。秦芳等（2018）研究发现，创业者外出务工积累了人力资本和物质财富，这些是其选择创业的基础。董晓林等（2019）通过研究企业家人力资本对农户创业决策的影响后发现，学历教育、非学历教育和工作经历对创业存在显著的正向影响。

黄兆信等（2012）研究得出人力资本对于农民工城市创业绩效有着重要影响，新生代农民工文化水平越高，创业绩效越好。李长安和苏丽锋（2013）研究人力资本对创业活动的影响时发现，以 6 岁及以上人口百人大学生占比衡量的人力资本显著促进了创业人数的增加。魏臻和崔祥民（2013）研究认为，创业行为与结果会受到人力资本存量高低的直接影响。蔡晓珊和陈和（2014）认为，人力资本密集型企业主要以人力资本水平来考量，人力资本就是创业企业发展的关键要素。苗琦等（2015）的研究表明，创业者的学历对创业会产生显著影响，其影响的边际作用为52.26%。周卿钰等（2016）研究认为，由于新创企业间人力资本存在异质性，会使新创企业成功率存在很大的差异。戚迪明和刘玉侠（2018）运用浙江返乡农民工创业试点区调查数据开展研究认为，农民工外出务工经历对其创业绩效影响不大，但企业家人力资本积累可以通过能否获得政策支持来影响企业绩效。钱思等（2018）认为，创业者的知识、经验等人力资本要素是初创的基础，能够为后续发展积累重要资源，从而深刻影响企业绩效。李俊（2018）研究认为，人力资本对农民工城市创业和创业层次的提升有十分重要的影响。目前，农民工的基本特征已发生重大变化，应该高度重视对农民工人力资本的投资，从而促进其职业发展、身份转换。刘剑雄（2008）把人力资本分为企业家和非企业家人力资本，非企业家人力资本指一般性知识、技能与健康，企业家人力资本则指的是创新能力、管理经验、领导与决策能力等因素。其通过研究发现，企业家或管理者的党员身份、教育水平会显著影响企业的创新活动。赵浩兴和张巧文（2013）对创业者人力资本与新创企业发展的关系研究结果显示，创业者能力、经验对企业发展有显著影响，而知识特征与企业发展没有相关关系。

（3）人力资本对创业绩效的影响。西格尔（Siegel，1993）等通过实证研究显示，管理经验与教育知识对创业者创业绩效会产生显著正向影响。廉晓梅（2003）通过对美国创业中人力资本作用成效的分析认为，企业人力资本投资是提高企业绩效的有效手段。创业者受教育水平越高，越有利于其把握创业机会、洞察差异化市场格局、提升创业绩效（Gainey & Klaas，2003）。赵浩兴（2013）以农村微型企业为对象，以知识、经验、能力和体力测量创业者人力资本水平，在引入中介变量创业自我效能感后的研究显示，人力资本四个维度对创业绩效均有正向影响。罗明忠和陈明（2015）指出，人力资本在人格特质和农民创业绩效的关系中起着显著正向调节作用。但一些研究者也认为人力资本对创业绩效影响的方向和程度并非完全一致。钱思等（2018）进行企业实证研究发现，人力资本与社会资本对创业绩效均有正向影响，社会资本对创业绩效的正向影响明显强于人力资本，地区经济发展水平调节着人力资本与社会资本对创业绩效的影响关系，经济不发达区域人力资本与社会资本对创业绩效的影响均明显大于经济较发达地区。村上直树（2011）基于河南周口调查数据进行研究发现，人力资本要素对返乡创业有不同的影响，创业者受教育程度对返乡创业影响不显著。龚军姣（2011）基于温州的调查样本进行实证分析发现，创业者人力资本与其创业决策有负相关关系。赵浩兴（2013）研究发现，农村微企创业者人力资本对创业绩效存在正向影响，创业效能感在期间起着内在的传导作用；创业者经验与能力作为人力资本子项对创业绩效影响显著，而知识与创业绩效间没有显著的相关性，这有可能与农村创业项目多为劳动密集型产业有关。刘善仕等（2017）基于领英职业社交网站人才简历数据开展研究认为，企业人力资本社会网络中心度、结构度与企业创新绩效有显著正相关关系，而吴文华等（2014）的研究认为，人力资本投资对企业绩效增长没有产生明显的影响。匡远凤（2018）依托熊彼特创新模型开展研究认为，创业者人力资本积累与农民返乡创业意愿存在负相关关系。

从教育对创业选择的非线性影响视角来考察，卢萨尔迪和米歇尔（Lusardi & Mitchell，2007）的研究表明，教育与创业间存在"U"型影响变化关系。对于先前经验对创业绩效有无显著影响存在四类观点：第一类，某些学者认为，先前经验对创业绩效不存在显著影响作用（Sandberg et al.，1987）；第二类，谢恩等（Shane et al.，2013）认为，先前经验对创业绩效具有显著的积极影响作用；第三类，布朗和威克洛德（Brown & Wiklund，2001）认为，先前经验对创业绩效具有显著的负面影响作用，但该作用主要体现于创业初期；第四类，弗莱德和斯科特等（Delmar Fred & Shane Scott，2006）认为，先前经验对创业绩效的影响呈现出了非线性状态，且可能是倒"U"型，在特定条件下，先前经验的增加会导致创业绩效的提升，但变化到一定的阈值后，先前经验增加反而会致使创业绩效呈下降状态。

（4）人力资本对创业类型的影响。朱敏和许家云（2012）的研究认为，跨国公司的外流人才中，人力资本积累水平较高的创业者倾向于在电子、航空、生物和医药等高科技领域创业，而人力资本积累水平较低的创业者倾向在其他行业创业。王轶等（2020）证实了创业者受教育程度与新创企业类型密切相关，自我价值实现型创业者受教育程度最高，生存型创业者受教育程度普遍为初中及以下学历水平；大专及以上学历者主要在信息、软件、金融业等行业创业，学历较低者主要在批发、零售业创业；创业者受教育程度与新创企业利润密切相关，与企业寿命关系不显著；返乡创业者身体健康状况与新创企业利润有关，与企业类型、创业行业没有显著关系；除第一产业外，返乡创业者返乡前就业或创业行业与返乡后创业行业和创业企业类型密切相关；返乡创业者返乡前担任职务与其创业行业有关，与创业企业利润负相关；创业培训与新创企业类型有正相关关系，自我价值实现型创业者参与创业培训比例高于发展型创业者，生存型创业者最低。

## 2.2.4 研究述评

移民人力资本对创业的影响研究视角较为丰富并涉猎了不同的方面，基本上反映了人力资本对创业影响的多个方面，主要表现在以下六点。

第一，人力资本对创业的影响是积极的、正面的，投资人力资本、积累人力资本对创业发展有重要意义。第二，人力资本对创业的意愿、创业决策有积极的正面影响，人力资本多个方面因素的积累和扩大对产生创业意愿、促使创业发生、促进创业成功、提高创业过程具体问题决策水平都有着积极的意义。第三，人力资本（含具体因素或者维度）对创业绩效的影响方向呈现多种倾向，有正相关关系、负相关关系，或者影响不够显著；有的学者针对创业阶段、经济发展水平、人力资本具体因素加以考察，研究了不同创业阶段、经济发展水平、不同人力资本要素对创业绩效的影响方向。第四，把人力资本分为不同的类型来分别研究其对创业的影响关系，相关关系存在结构性的变化和特点。第五，研究了人力资本积累水平、人力资本因素所处水平、不同身份创业者对创业领域、行业的影响情况。第六，对人力资本与创业风险开展了研究。

虽然移民的相关文献比较丰富，但经梳理后发现，目前的研究存在一些不足之处，这为本书留存了研究空间，提供了研究的着力点。整体来看，关于创业的研究主体略显单一，研究者重点把研究的主体放在一般的创业者、农民工返乡创业等方面，对面临的新的研究主体，如新生代的市民、农民、移民在特殊背景和环境下的创业影响研究并不深入。就非自愿性移民的创业问题而言，虽然新生代移民具有群体独特性、区域特殊性，但新生代移民在创业过程中仍会遵循创业理论基本共识和普遍结论开展创业活动。所以，构建从微观到宏观的，层次齐全、维度完整的新生代移民人力资本测量指标体系来进行测量显得十分有必要，同时，还应该考虑其他影响机制和异质性的多种因素影响。

## 2.3　本章小结

本章从理论上界定了三峡库区新生代移民、人力资本、创业、创业决策、创业绩效的制度环境、社区环境、创业环境等的定义，比较系统地研究和梳理了人力资本理论、创业理论、创业环境理论，在此基础上，聚焦移民创业的相关问题，从移民人力资本研究、人力资本对创业的影响研究、移民创业研究以及三峡库区移民创业实证研究等方面较深入地对有关研究文献进行了针对性的回顾和分析，为人力资本对三峡库区新生代移民创业影响研究奠定了理论基础，明确了研究的切入点、边界和主要范畴。

| 第 3 章 |

# 分析框架及研究假设

　　本章主要研究内容包括：建立和刻画人力资本与新生代移民创业决策和创业绩效之间关系的理论模型；根据该理论模型，具体剖析人力资本的四个维度影响移民创业决策和绩效的作用机理并提出相应的研究假设。

## 3.1　人力资本对新生代移民创业影响的理论分析框架

　　在《社会变迁、介入型贫困与能力再造》一书中，人力资本理论认为，教育、培训、技能等人力资本的回报率不仅可以显著提高农民的非农收入，还可增加劳动力的非农参与机会[①]，阐述了人力资本对移民经济恢复的重要作用，提出了移民经济再发展的经济学研究框架。基于此，本书依据加里贝克尔（Becker，1994）对人力资本的定义（劳动者通过教育、培训、工作经历、医疗保健和迁移等投资形成的凝聚于个体并能够带来收益和价值的知识、技能、经验和健康等素质的总和，是劳动者质量的反映[②]）通过设置教

---

[①]　张艳华，李秉龙. 人力资本对农民非农收入影响的实证分析 [J]. 中国农村观察，2006 (6)：9 - 16.

[②]　Becker G S. Human Capital [M]. University of Chicago Press，1994.

育、培训、工作经历和健康状况四个维度来衡量人力资本。

已有的研究揭示，创业者在决定创业的过程中，创业者人力资本、可支配财富、教育程度等禀赋因素是影响其创业决策的重要因素（杨其静和王宇锋，2010）。新生代创业型的就业意愿与务工中人力资本提升等因素有关，而且受教育程度等变量与新生代农民工创业型的就业意愿显著正相关，创业者外出务工积累的人力资本和物质财富是其选择创业的基础（张广胜和柳延恒，2014）。与此同时，通过企业家人力资本对农户创业决策影响的相关研究发现，学历教育、非学历教育和工作经历对创业存在显著的正向影响（董晓林等，2019）。

创业者管理经验与教育知识对创业绩效会产生正向影响（Siegel et al.，1993），受教育程度更高的创业者把握创业机会和掌控区隔化异质性市场的能力更强，创业绩效也会得到有效提升（Gainey & Klaas，2003）；创业者以知识、经验、能力和体力来衡量人力资本的水平发现，人力资本四个维度均对创业绩效有正向影响（赵浩兴，2013），且创业者经验和能力作为人力资本子项目对创业绩效影响十分显著，尤其适用于农村地区劳动密集型创业（刘善仕等，2017）。综上所述，在社会网络中心度、结构度的影响机制下，人力资本的四个维度与创业决策和绩效显著正相关。

在强制性和冲击性的迁移事件冲击背景下，初代移民的人力资本积累受到了很大的影响，主要关系社会关系网络和所创事业的重建，家庭收入情况会变得很不稳定。不仅如此，搬迁到新的居住地还需要适应新的社会环境。与三峡库区初代移民相比，新生代移民人力资本所受到的影响不同，在搬迁前后经济差距较大的情况下，其对教育方式不适应，从而影响其人力资本的积累，而库区搬迁主要还是就地后移。新生代移民群体随着父辈一起在现住地继续完成基础教育，经过多年的工作经历积累和继续教育的延伸，其对创业知识、技能、商业信息获取、创业策划、管理提升、公共关系及人际交往等内容都建立了足够的存量积累，借助新的创业机会、利用来自政府的扶持政策以及社区的支持进行进一步的创业行为。

基于上述分析，本书建立了人力资本对新生代移民创业决策与创业绩效的理论分析框架。结合三峡库区新生代移民特征,重点从人力资本的四个维度拓展其内涵,刻画人力资本对新生代移民创业影响机理,理论框架模型如图3.1所示。在此基础上,本书进一步结合三峡库区新生代移民发展的现实状况,提出相应的研究假设,进而开展人力资本对三峡库区新生代移民创业决策和创业绩效影响的实证研究。需要特别说明的是,此处重点分析核心变量与新生代移民创业的作用关系,而其他变量与新生代移民创业的关系在后述研究假设提出时进行论述。

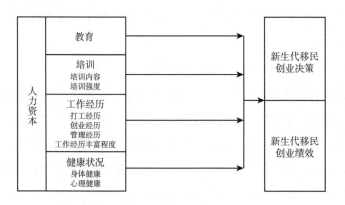

**图 3.1　三峡库区新生代移民人力资本对创业影响的理论框架模型**

## 3.2　人力资本对三峡库区新生代移民创业影响的研究假设

### 3.2.1　人力资本对三峡库区新生代移民创业决策影响的研究假设

(1) 人力资本对新生代移民创业决策的影响。

一是从教育维度来看,现有文献都证实了教育(含受教育年限、文化程度、学历等)对创业的正向影响作用。谢洪明等(2006)认为,卢西尔所提出的影响创业成败的15项要素中有13项所对应的能力是能够通过教育教学去培养和获得的；教育水平和职业技能有利于提高创业者的职业选择能力或者独立创业能力。此外，接受正规创业教育和学习多门创业课程的个体创业意向更强。大量国内外研究证实，创业课程学习有助于学生在毕业后产生创业倾向（Liñán，2008）；创业教育能够培养学生的创业态度和意向，促进新公司的成立；参加创业教育可以提升个体创业意愿（Matlay et al.，2013；Marina et al.，2014）。教育质量越高，其对学生作出创业决策的促进作用越显著，在教育理念、内容、方式、手段、质量保障措施等方面的高标准和针对性要求越清晰，创业的概率也相应地更大。

二是从培训维度来看，与创业直接间接相关的专业性课程和训练活动是存量积累的重要构成之一，它包含知识、技能、商业信息获取、政策运用、创业策划、管理提升、公共关系及人际交往等内容。培训比教育更加直接地针对创业行为，它既可以直接孵化和催生创业者的创业行为，也能够促使创业者改善自己的创业行为效果（吕莉敏，2020）。温瑜等（2020）认为，利用农民工返乡创业把小农户和现代农业发展、电子商务有机地衔接，更有利于提高农民工返乡创业决策的科学性；宋立扬（2020）研究返乡农民工创业培训问题后认为，农民工接受培训后能否解决实际问题，或者获得创业经验，或者提升管理水平，对参加创业培训的意愿会具有显著的影响。因此，培训对创业决策有着正向的显著影响。

三是从工作经历维度来看，工作经历能在一定程度上为新生代移民创业提供是否具备创业条件、环境是否适宜、项目是否可行、是否开展创业的判断能力。从文献研究来看，工作经历又可细分为打工经历、创业经历、管理经历、工作丰富程度四个方面。打工经历是基本工作体验和创业观察思考过程，创业经历是创业实践积累过程，管理经历是不同性质工作中从事企业管理岗位工作的实践经历，而工作丰富程度则是指新生代移民他雇、自雇的工作、创业和管理经历积累的丰富程度，这些方面都是新生代移民创业的必要条件，经历越丰富，创业的潜在能力会更强。实践证明，这些方面都对新生代移民创业决策起到了积极的推动作用。学者们的研究也说明了工作经历对创业决策有着重要的影响。外出务工经历是返乡创业成功的基础，外出务工对增长见识、认识市场、积累技术经验非常有利，比较年轻、文化程度高、开拓进取心强的返乡创业者更容易成功创业（林斐，2002）；周广肃等（2017）的研究显示，外出务工经历将农民工创业的概率显著提高了1.8个百分点以上，具有显著的经济意义。超过两成的大学毕业生创业者在读书期间有过创业或在企业兼职的经历；有创业经验的农民工可以快速解决创业初期要面对的各种问题，从而取得更好的创业绩效（赵德昭，2016）。外出务工期间从事管理、雇主和自雇工作的经历能够显著提高农民创业概率（谢勇，2020）。也有学者探讨了知识型、技能型人力资本与返乡农民工在城市工作转换次数之间关系与影响，认为农民工工作转换次数对其返乡创业中知识型、技能型人力资本的积累有正向影响作用（庄晋财等，2020）。

四是从健康状况维度来看，健康状况对创业决策的影响主要是从创业者生理健康和心理健康两个方面显示出来的，它是一种硬约束。三峡库区创业情况更为复杂，新生代移民如果没有健康的体魄和心理承受能力，创业活动的可持续性不长。随着时代的发展，新生代移民身体健康状况整体得到了极大的提升，但心理健康问题逐步引起了人们的关注，心理不健康往往造成创业保守倾向或过激行为。郭淑芬（2018）提出，从多角度提升心理素质能够促使创业者在复杂社会中抵御各种干扰因素，勇于面对挫折与困难，树立创业成功信心，提升创新创业能力。创业者的健康状况能够影响潜在创业者进入市场，影响创业企业运营和存续，同时，创业者健康状况也能直接作用于创业行动所发生的情境，特别是创业者个体特征和组织特征。新生代移民创业者的健康状况由于受到多个参数的影响和制约，必然在创业实践中以各种方式表现出来，导致创业决策的变化或参与行为的调整。

根据以上分析研究，提出假设：

H1：教育对新生代移民的创业决策有正向影响；

H2：培训对新生代移民的创业决策有正向影响；

H3：工作经历对新生代移民的创业决策有正向影响；

H4：健康状况对新生代移民的创业决策有正向影响。

（2）人力资本影响新生代移民创业决策的异质性。

一是基于义务教育阶段的学校硬件条件与软件能力、父辈教育观念的视角。教育对创业决策的影响从根本上讲是教育质量和教育观念的影响。就三峡库区新生代移民这个特殊群体的受教育质量而言，义务教育阶段学校的硬件条件越完善、软件能力越强，其对学生学习习惯的培养以及学习兴趣的培养就越重要。一方面，学校的硬件条件和软件能力直接保障教学活动优质开展，使受教育者从小受到学校学习氛围的熏陶，对教育与新生代移民创业的影响关系有正向的强化作用；另一方面，父辈的教育观会直接影响子女的教育质量的高低，父辈的价值观会潜移默化地在新生代中埋下事业发展的种子，从而对未来创业意愿、创业决策产生不可忽视的间接影响作用（Lindquist，2014；朱根红和康兰媛，2014）。

根据以上分析研究，提出假设：

H5：义务教育阶段学校硬件条件越完善，教育对新生代移民创业决策的正向影响越显著；

H6：义务教育阶段学校软件能力越强，教育对新生代移民创业决策的正向影响越显著；

H7：父辈对教育的重视程度越高，教育对新生代移民创业决策的正向影响越显著。

二是基于制度环境与社区环境的视角。新生代移民作为弱势群体很容易受到身边人的影响，仅依靠亲缘地缘网络获取资源、发现机会，而完善的制度环境和社区环境可以发挥良性的同群效应，加速创业资源的获取，推动良好创业文化氛围的形成。

关于制度环境与创业的关系研究，研究者更多的是基于不同情境下制度环境对创业决策的直接性影响和调节性影响来进行的。在制度环境良好的地区，资源获取的成本较低，人力资本对创业决策的作用更大（戚湧等，2017；高静和夏忠慧，2012）。社区环境对新生代移民创业决策的不确定性会提高创业者的风险感知，进而影响其创业选择。稳定、积极的社区环境能够使新生代移民通过培训进行创业，通过创造良好的文化氛围，推动创业者良性竞争与合作共享，保障创业活动的顺利开展。三峡库区新生代移民创业意愿不断提高，移民在创业中可以依赖新建立的社区及其关系网络，积极地创业。但由于移民熟悉新迁入地社区和重建社会关系需要一定的时间，客观上也会影响创业活动开展。这也从侧面反映了在研究创业发展时社区环境存在不能忽视的调节作用。所以，制度环境和社区环境越完善，人力资本对新生代移民创业决策的正向影响越显著。

根据以上分析研究，提出假设：

H8：制度环境越完善，人力资本对新生代移民创业决策的正向影响越显著；

H9：社区环境越完善，人力资本对新生代移民创业决策的正向影响越显著。

（3）人力资本影响新生代移民创业决策的机制。

一是创业机会识别机制。教育对创业机会识别能力的构建有着重要的作用，教育会从知识储备、方法掌握、信息获取、技能提升、机会备选方案判别和文化熏陶等方面对创业机会识别能力的提高起到正向影响作用，从而使新生代移民创业机会识别能力得到有效提升；创业机会识别是创业决策的前提条件，它将从创业信息捕捉、创业项目遴选、商业计划可行性分析、市场风险判别、市场前景预估等方面提高创业决策能力；除此之外，已有的实证研究揭示了创业机会识别在教育对新生代移民创业决策中的中介作用。通过参加针对性的课程学习，会不断提高创业者的企业家精神和能力，这样，他们将会成功地识别创业机会并开展业务（Hodges，2003）；把创业机会识别作为中介变量，它既会受到创业教育的显著促进，还能明显提升大学生创业意愿（高龙政，2018），创业机会识别的中介作用强化了教育对创业决策的影响程度（李怡欣等，2019）。三峡库区新生代移民受教育水平的不断提高，必然在整体上促进其创业机会识别能力提升，进而正向影响创业者决策意愿和决策水平，创业机会识别的中介作用也必然得到显现。

三峡库区创业培训资源具有稀缺性，新生代移民创业渴望得到更多的创业培训。实用的培训内容、较高的培训强度都可以促进创业者积累必要的人力资本，并通过培训的促进作用，增强其创业机会识别能力，进而提升创业决策的科学性。先前创业、创业培训、管理培训经验对创业机会识别均存在显著正向影响关系（靳丽遥等，2019）；创业机会识别对新生代移民创业决策存在显著正向影响关系也得到了多个学者的实证：创业机会识别影响创业决策（苗青，2009）、创业机会识别对创业意愿存在显著的正向影响作用（刘万利等，2011）、创业机会识别的程度与大学生创业意向显著正相关（钱波等，2018）、创业机会识别对创业意愿有显著的促进作用、创业机会识别在培训与新生代移民创业决策之间具有显著的中介作用（刘万利，2011）。刘宇娜（2018）实证研究发现，创业机会识别在创业决策的因果模型中起到完全中介作用。创业培训与教育的功能相仿，但比教育的作用更加直接。因此，创业机会识别在培训与新生代移民创业决策之间发挥的中介作用与它在教育与新生代移民创业决策间的中介作用具有相似性。刘宇娜还研究了创业机会识别对创业意愿和创业行为间的关系起中介作用[①]。

工作经历对创业机会识别的正向影响作用。创业者人力资本存量是通过正规教育、实践培训以及先前经验等获得的隐性或显性的知识和经验，尤其是随之衍生出的独特洞察力、认知能力、技能、认知特质等（Schultz，1960；Becker，1994），这些积累的作用是物质资本无法替代的（Van Praag et al.，2005；Parker，2009）。早期务工经历提高了农民工创业机会识别能力和创业技能，使得他们在运用资源、应对创业风险等方面具有了明显优势（徐超等，2017）。在有无创业经历群体对比中，不同年龄、职位、工作年限及学历等方面都在创业机会识别上表现出了显著的差异（胡霞，2017）。另外，有管理工作经历和行业工作经历的农民工更有可能开发和利用创业机会（蒋剑勇，2014）。工作经历对创业机会识别的正向影响作用已被证明，同样，创业机会识别对创业决策的正向影响作用也是显著的。创业机会是创业成功的关键，发现和识别创业机会能力，必然影响新生代移民的创业意愿与决策。苗青（2009）的实证研究发现，创业机会识别能力影响创业者的创业决策。新生代移民一旦具备了各个层次的创业机会识别能力，就可以提高把

---

① 刘宇娜. 创业意愿对创业行为的作用机制模型研究［J］. 中小企业管理与科技（中旬刊），2018（11）：106 – 107.

握三峡库区经济发展带来的政策机会、市场机会及创新发展机会的能力，在一定的营商环境下，他们就可能产生创业冲动、创业意愿，进而作出创业决策。刘新智和刘雨松（2015）通过研究得出的结论是，务工经历提高了个人能力，对农民工行为选择会产生重要影响，且有无务工经历在创业行为上表现出了较大的差异。在三峡库区新生代移民创业发展中，工作经历及其各个维度都会通过增加经验、丰富阅历、促进甄别和判断的敏感性提升等实现创业机会识别能力的提高，而创业机会识别能力的提高又显著影响了其创业决策。其中，创业机会识别既是工作经历的结果，又是创业决策的前提，发挥了明显的中介作用。以往的实证研究与本书的变量设置有一定的差异，但从不同的侧面也为本书提供了假设参考。创业机会识别的中介路径强化了解释变量对大学生创业决策的影响（郝桃桃，2019）；创业机会识别在大学生个性特质对创业意向影响中发挥了中介效应（赵文娟，2016）；在主动性人格与创业意愿之间，创业机会识别发挥了部分中介效应（费荔，2019）；周劲波（2020）的实证结论是创业机会识别在社会网络对众筹创业决策影响中发挥了部分中介作用。

根据以上分析研究，提出假设：

H10：教育通过创业机会识别机制正向影响新生代移民创业决策；

H11：培训通过创业机会识别机制正向影响新生代移民创业决策；

H12：工作经历通过创业机会识别机制正向影响新生代移民创业决策。

二是社会网络机制。工作经历作为人力资本的重要组成，其作用不仅表现在打工经历的岗位工作历练、创业经历的事业经营能力提高、管理经历的团队管理体验以及工作经历丰富带来的阅历，还表现在通过丰富工作经历积累的丰富的社会网络和社会资源。工作经历对社会网络具有显著的正向影响作用，秦芳等（2018）提出，促进省外务工经历者返乡创业，财富积累、人力资本提高和社会网络扩大等是主要实现方式，务工经历对增进和扩大社会网络的作用得到了肯定；社会网络提升了家庭自主创业的可能性，对农村家庭创业参与的边际影响要高于城市家庭，其在市场化不发达地区对家庭创业的边际影响更大（柴时军，2017），社会网络各个维度均对农民工创业决策具有正向影响（李建泽，2020），其弱关系和强关系均能通过直接和间接的方式对创业者的决策产生影响，但弱关系对创业者创新决策的直接和间接影响强度更大，更具显著性（周怡君，2018）；社会网络对创业动机具有正向影响（陈万明等，2021），同样，社会网络各维度对大学生创业意愿均有显著的正向影响（夏景春，2019）。上述分析表明，工作经历通过社会网络机制会积极地影响新生代移民创业决策。

根据以上分析研究，提出假设：

H13：工作经历通过社会网络机制正向影响新生代移民创业决策。

### 3.2.2 人力资本对三峡库区新生代移民创业绩效影响的研究假设

（1）人力资本对新生代移民创业绩效的影响。

一是从教育维度来看，基础教育资源配置的不合理导致的农村教育水平落后于城市是新生代农民人力资本水平不高的主要原因（林娣，2014），因此，基础教育是影响农民收入的核心人力资本变量之一（程明望等，2016），学历教育可以通过对未来人力资本特别是受教育程度较高者的人力资本积累的影响来促进经济增长（孙萌等，2018）；具有良好教育背景的企业家，其企业经营状况越稳定，经营收益越好；创业者受教育程度与绩效之间存在显著正相关关系（Rauch et al.，2010）。显然，受教育年限和教育质量能明显提升创业者的知识水平、经营与管理技能、动态学习与获取资源能力，从而直接对加快技术创新、推动市场开发、增加市场份额、提升品牌形象、提高顾客满意度等非财务指标有所帮助，最终从整体上提高财务绩效。另外，受教育年限和教育质量可以促使创业者利用自身的知识和能力，最大限度地提升企业主观指标水平的结果最终体现在客观指标水平提高的各个环节和方面。

二是从培训维度来看，创业培训使创业者得到了与其直接或间接相关的专业性课程和创业实践训练，在培训中创业者获得的知识储备、思维训练、案例体验、能力提升，将更加紧密地作用于创业项目运作中，对改善创业行为的效果比较显著，对提高创业绩效更具针对性。杨晶等（2019）和展进涛等（2016）的研究表明，技能培训对农民非农收入增加有显著的正向促进作用，技能培训可以促使更多农民进城务工并对其工资水平提高有显著提升作用。培训内容与培训强度密切结合更有利于创业绩效的提高。温瑜等（2020）研究了社会资本、创新创业培训与农民工返乡创业绩效的影响机制发现，创业后期通过"政府搭建平台＋农民工返乡创业＋农民接受培训"的培训模式，利用农民工返乡创业把小农户和现代农业发展、电子商务进行有机衔接，更有利于提高农民工返乡创业的社会绩效。在各类型的创业培训中，生产技术类和市场营销类培训对农民涉农创业绩效有显著正向影响（郭铖等，2019）。

三是从工作经历维度来看，工作经历越丰富，创业者对创业企业或创业项目的经营管理就会越科学，创业的绩效就可能越好。具体而言，工作经历是能帮助新生代移民提升优化创业条件、把握创业环境、精选创业项目、控制创业成本、规避创业风险等能力的有效路径。它们将在创业全过程的每个环节作用于创造绩效的关键点促进创业绩效的提高。拥有打工经历的农民的初创绩效高于无此经历的农民（张鑫等，2015）；拥有先前创业经历的创业者能再次挖掘自身人力资本，通过返乡创业实践中的创新性措施促进企业产生和保持更好的绩效（林龙飞等，2019）；外出务工经历对农民创业绩效与家庭财富具有显著正向影响（倪艳等，2020）。所以，工作经历是新生代移民创业绩效提升的必要条件。

四是从健康状况维度来看，在创业实践中，创业者个体生理与心理特征存在显著差异，不同的创业者成功与否、绩效高低显然也存在着明显差异。吴耀昌（2016）研究的创业者生理因素（年龄）、心理因素对创业绩效的影响及其作用机制显示，创业环境条件一定的情况下，创业者个体生理、心理特质的差异会导致工作压力产生不同表现，两者之间存在双向传导作用，这种双向传导作用会生成创业者个体差异，从而影响创业绩效的内生性机制。赵红和谢琼（2018）通过研究认为，创业者心理健康因素对创业绩效有着显著影响。林嵩等（2020）在创业调研中发现，创业者个体特征、职业特征、工作压力与健康状况间存在复杂关系，在此基础上开展的创业者心理因素对创业绩效具体作用机理的研究认为，创业者健康状况能够影响创业企业运营和存续。综上所述，关于健康状况的研究都表明其对创业绩效的影响呈现出积极作用。

根据以上分析研究，提出假设：

H14：教育对新生代移民的创业绩效有正向影响；

H15：培训对新生代移民的创业绩效有正向影响；

H16：工作经历对新生代移民的创业绩效有正向影响；

H17：健康状况对新生代移民的创业绩效有正向影响。

（2）人力资本影响新生代移民创业绩效的异质性。

基于制度环境与社区环境的视角：在以往的研究中，制度环境能正向调节创业导向与绩效的关系，市场需求不确定性也能正向调节创业导向与绩效的关系。制度环境的特殊性、可执行性增强了组织和技术创新对中小企业国际绩效的互补作用（钱海燕等，2010）。制度环境不完善的时候，效率型商业模式设计对企业绩效的影响反而比较大；反之，新颖型商业模式设计对长期市场绩效的作用会加强（邹国庆，2019）。这些研究从不同因素对制度环境强化创业绩效的影响进行了证实。规制性要素与规范性要素不能直接促进家庭农场创业绩效明显提升，但都能够在认知性要素与创业绩效间发挥正向调节作用（陈德仙等，2018）；有效提升创业绩效需要协调性地发挥认知性要素的直接作用以及规制性要素和规范性要素的调节功能。

社区环境从文化倾向性、社区创业氛围、社会心理等方面对创业绩效提升发挥正向效应。社区环境在人力资本与移民创业绩效之间起到了正向调节作用（胡江霞等，2016）；从对制度环境和社区环境包容性更强的范畴分析中发现，创业环境在心理特征与创业绩效的影响关系中起到了正向影响（程聪，2015）。

在新生代移民工作经历与创业绩效的影响关系中，制度环境和社区环境各自从规制性制度和非规制性的文化方面间接影响着工作经历形成机制和发展机制，以及不同程度地影响着创业绩效的提升。因此，优化制度环境和创造良好的社区环境使得培训、工作经历和健康状况对新生代移民创业绩效的正向影响更加显著。

根据以上分析研究，提出假设：

H18：制度环境越完善，人力资本对新生代移民创业绩效的正向影响越显著；

H19：社区环境越完善，人力资本对新生代移民创业绩效的正向影响越显著。

（3）人力资本影响新生代移民创业绩效的机制。

一是创业机会识别机制。工作经历对创业机会识别的正向影响在农民务工、移民创业、其他创业者发展中都得到验证。务工经历使得农民工对创业信息和资源具有了一定的辨识力并形成一定的创业资金和技能储备，进而提高了自身创业机会识别能力和创业技能，在积累和运用资源、应对风险等方面会具有明显优势，由此推动了农民工返乡创业，且务工经历对受教育水平较低者开展创业作用更大（贺景霖，2019）；移民中有无创业经历群体的不同年龄、职位、工作年限及学历等都在创业机会识别上表现出显著的差异（胡霞，2017）；研究表明，创业者的人力资本对创业机会识别产生正向的影响，创业者的知识水平、职能经验、行业经验与声誉都对创业机会识别产生了正向的影响作用（王鑫，2018）。关于创业机会识别对创业绩效的正向影响，赵青云（2016）通过实证研究发现，机会识别对社会企业经济绩效、社会绩效都具有显著的正向影响。此外，关于创业机会识别在工作经历对创业绩效影响中的中介作用有两种不同的观点：一种观点是机会识别在创业者经验与社会企业绩效之间起中介作用，具体而言，机会识别在创业者经验与社会企业社会绩效之间起部分中介作用，在创业者经验与社会企业经济绩效间起完全中介作用（汪忠等，2019）；另一种观点是机会识别在创业经验、行业工作经验与生计绩效的影响关系中发挥了明显的中介作用，在创业经验与成长绩效的影响关系中起到了中介作用（赵文红和孙万青，2013）。此外，方舟（2021）的研究显示，机会识别对网络能力与创业绩效的影响关系产生了中介效应；张秀娥（2014）通过研究认为，创业机会、资源获取在创业者社会网络与新创企业绩效间存在中介作用。

根据以上分析研究，提出假设：

H20：教育通过创业机会识别机制正向影响新生代移民创业绩效；

H21：培训通过创业机会识别机制正向影响新生代移民创业绩效；

H22：工作经历通过创业机会识别机制正向影响新生代移民创业绩效。

二是社会网络机制。人力资本对创业绩效的影响还会对社会网络机制发挥作用。新生代移民在打工、创业、管理的过程中会逐渐形成差异化的社会网络，经历、体验越多，社会网络联结、社会资源拥有就会增强，社会网络带来的信息获取、管理改进、成本管控、项目运作优化也会相应地产生提升效应，从而促进其创业绩效的改善和提高。基于三峡库区移民的调研数据学者们得出结论：知识、经验、能力水平以及社会网络对移民创业绩效具有显著的正向影响关系，社会网络在人力资本与创业绩效关系中发挥了中介效应（胡江霞等，2016）；杨隽萍等（2019）的研究考察了创业团队异质性对机会识别影响中社会网络的中介作用；余嘉璐等（2020）认为自我效能与社会网络起到了链式中介作用。所以，人力资本通过社会网络机制对新生代移民创业绩效有正向的影响，新生代移民在工作经历中，自然会获得与社会主体间的关系联结，拥有差异化的社会资源，形成超出人际关系并覆盖家庭、组织及其他群体的稳定社会网络系统，这个系统必然会影响资源流动的方式与效率，提升新生代移民的创业综合能力与实力，进而提升创业绩效。

根据以上分析研究，提出假设：

H23：工作经历通过社会网络机制正向影响新生代移民创业绩效。

## 3.3　本章小结

本章在理论准备、文献研究和三峡库区新生代移民创业调研的基础上，分别从教育、培训（培训内容、培训强度）、工作经历（打工经历、创业经

历、管理经历、工作经历丰富程度）与健康（身体健康、心理健康）四个
维度出发，系统地分析了人力资本对新生代移民创业决策、创业绩效的影响
机理，进一步剖析创业机会识别和社会网络的机制，以及义务教育阶段的学
校硬件条件、学校软件能力和父辈教育观念、制度环境和社区环境的异质
性。基于此，科学地构建了人力资本对三峡库区新生代移民创业影响的理论
分析框架，并从人力资本对新生代移民创业决策的影响及人力资本对三峡库
区新生代移民创业绩效的影响方面提出了研究假设，为后续实证分析做好
准备。

| 第4章 |

# 三峡库区新生代移民人力资本
# 与创业现状分析

本章通过系统的调研数据对三峡库区新生代移民的基本情况、人力资本现状和创业现状进行描述性分析。主要内容包括研究设计、三峡库区新生代移民人力资本现状分析、三峡库区新生代移民创业现状分析以及新生代移民人力资本和创业存在的问题。

## 4.1 研究设计

### 4.1.1 数据来源

数据来源于"2021新生代移民创业调查问卷"[①]，调查对象包括新生代移民创业者与非创业者。"2021新生代移民创业调查问卷"分5部分，共71个题项。根据以下标准选择研究样本：借鉴卢盛峰、陈思霞和张东杰（2015）、周兴和张鹏（2014）对新生代农民工的界定，本书将新生代年龄下限设定在18岁，上限为40岁。最后获取了656个新生代移民的有效样本，

---

① 问卷具体详情见附录。

其中，创业者有 502 份。除此之外，笔者在 2016 年、2018 年、2019 年、2020 年都分别到库腹和库尾（巫山县、奉节县、万州区、开州区、涪陵区和江津区）进行过移民创业相关的调研，收集到很多新生代移民创业决策、创业绩效、学校教育质量、创业培训、父辈人力资本、创业机会识别、社会网络等方面的资料，将其作为本书的预调研和补充说明。

为了高质量地完成调研工作，笔者成立了人力资本对三峡库区新生代移民创业影响研究工作小组。问卷设计严格遵循规范的流程与注意事项，大致如下：第一，针对研究的框架，工作组认真研究和分析了大量关于人力资本、新生代移民创业、创业机会识别、社会网络、制度环境与社区环境、创业决策、创业绩效及其影响因素等相关文献；第二，在问卷设计过程中，笔者多次与工作组成员对问卷测量指标进行推敲，并向移民创业相关专业人员进行请教，最后确定了具体题项；第三，对初步设计的问卷进行预调查，根据被调查者的反馈意见修改了问卷中部分测量题项的表达方式并确定调查问卷的最终稿。

为了弥补对新生代移民现有研究的不足，根据 2021 年的实地调研数据，笔者着重对重庆就地安置的三峡库区新生代移民创业活动进行考察。首批新生代移民搬迁至今已有 20 余年，迁入后已度过初期的过渡性阶段，大部分初代和新生代移民已建立新的生产生活模式，通过对新生代移民商贸经营活动现状的总结，探索其中的规律，这在很大程度上能弥补已有三峡新生代移民经济研究中存在的时间跨度短、调研对象年龄偏大、对创业商贸经营关注少等问题。

### 4.1.2 样本分析

本书着重研究人力资本与新生代移民的创业决策和创业绩效间的关系，基于第 2 章中对上述研究关键词和核心词内涵的界定，结合作者所在区域、方便调研及创业行为开展的具体情况，选择创业与非创业的新生代移民作为调研对象进行问卷调查。在三峡库区重庆段中选择创业活动开展较好的 7 个重点移民区县，即万州、开州、涪陵 3 个区，云阳、奉节、巫山、忠县 4 个县，根据各区县库区移民的总占比作为发放问卷数量的依据，共回收问卷 794 份。经过数据处理，剔除误填、乱填以及信息缺失的样本，最后获取了 656 个新生代移民的有效样本，有效样本占总问卷数的 82%，其中，开展创业的新生代移民有 502 个样本。调研样本分布情况如表 4.1 所示。

表 4.1　　　　　　　　　　　有效样本初步分析情况

| 区县 | 村镇/街道 | 样本数（个） | 合计（个） | 占总样本比重（%） |
|---|---|---|---|---|
| 万州区 | 周家坝 | 40 | 188 | 28.64 |
| | 大周镇铺垭村 | 28 | | |
| | 大周镇五土村 | 20 | | |
| | 江南大道人头石 | 15 | | |
| | 百安坝 | 35 | | |
| | 五桥 | 30 | | |
| | 钟鼓楼街道 | 10 | | |
| | 金龙街道 | 10 | | |
| 巫山县 | 高唐街道 | 29 | 124 | 18.84 |
| | 龙门街道 | 20 | | |
| | 大昌镇 | 16 | | |
| | 大溪乡 | 16 | | |
| | 曲尺乡 | 10 | | |
| | 福田镇 | 10 | | |
| | 两坪镇 | 14 | | |
| | 巫峡镇 | 9 | | |
| 开州区 | 郭家镇 | 50 | 101 | 15.40 |
| | 汉丰街道 | 26 | | |
| | 文峰街道 | 25 | | |
| 奉节县 | 永安街道 | 20 | 68 | 10.33 |
| | 红土乡 | 17 | | |
| | 朱衣镇 | 15 | | |
| | 白帝镇 | 16 | | |

续表

| 区县 | 村镇/街道 | 样本数（个） | 合计（个） | 占总样本比重（%） |
|------|-----------|--------------|------------|---------------------|
| 云阳县 | 洞鹿乡 | 20 | 69 | 10.50 |
| | 青龙街道 | 17 | | |
| | 双江街道 | 10 | | |
| | 新县城 | 16 | | |
| | 云阳镇 | 6 | | |
| 涪陵区 | 马鞍街道 | 22 | 59 | 8.99 |
| | 南沱镇 | 20 | | |
| | 顺江大道 | 17 | | |
| 忠县 | 忠州街道 | 47 | 47 | 7.30 |

资料来源：根据调研数据整理。

### 4.1.3　变量测量

（1）被解释变量。

①创业决策。郝朝艳等（2012）将开展自营工商业和扩大农业生产经营规模视为具有创业行为；北京大学中国社会科学调查中心中国家庭追踪调查采用"从事个体经营或开办私营企业"对创业决策进行测量（柴时军，2017）。借鉴以上研究，结合库区实际情况，本书用"是否已经创业"来判断新生代移民的创业决策。

②创业绩效。创业绩效的测量，国外学者主要从生存状况、成长性（Delmar et al.，2003）和获利性（Kearney et al.，2012；Covin & Slevin，2010）等维度进行测量。安东尼契奇和希里奇（Antoncic & Hisrich，2013）对创业绩效的测量进一步从绝对、相对两个视角衡量成长性和获利性，其中，对相对成长性使用过去三年市场占有率的增长来评价，对相对获利性则使用竞争对手与本企业业绩比较的主观标准进行测量。

国内学者对创业绩效主要从生存、成长和获利三个维度进行测量，更多的是使用主观指标。对生存绩效的测量，主要是从企业发展年限、企业目前生存状况及未来至少持续经营可能性等方面来衡量（Delmar et al.，2003）。刘佳和李新春（2013）对生存绩效的测量，通过设计"未来持续经营 5 年的可能性""未来持续经营 8 年的可能性"两个题项进行测量；周菁华（2013）则选择相应的年份中农户雇员样本数及家庭经营收入作为创业绩效衡量指标；郑山水（2016）的研究中，经营绩效测量指标是"与同行相比，我们的市场份额增长较快""与同行相比，我们销售额的增长速度较快"和"与同行相比，我们的新员工数量增长速度较快"。创业绩效测量中，多数还会增加获利性指标来进行，因为经营利润增长代表了创业企业未来更有可能获得成功。卢瑟福（Rutherford et al.，2012）采用经营利润增长对创业绩效进行衡量。薛永基和卢雪麟（2015）设计的测量题项是"跟其他生产这个产品的企业相比，我家产品更能赚钱""外面市场不好的时候，我家也卖出得挺好""事业发展比其他家快""产品和服务都让顾客感到满意""生意现在已经有了很好的声誉"等。

综上所述，本书借鉴郑山水（2016）、刘佳和李新春（2013）、劳伦（2007）、陈为等（2015，2017）、刘芳和吴欢伟（2010）、鲍威尔和埃德尔斯顿（2013）、谢雅萍等（2016）等的量表，结合三峡库区新生代移民创业的实际情况，选取了不同的相对指标及主观指标，可以很好地反映其创业绩效的特点。

（2）解释变量。

①教育：本书用受教育年限来衡量学历教育水平高低。人力资本中教育年限通过借鉴戴维森和霍尼格（Davidsson & Honig，2003）和迪莫为（Dimov，2017）以往的研究，利用受访者所获得最高学历年限来衡量。利用定序测量尺度将其划分为 5 个层次：小学及以下、初中、高中或中专、本科、硕士及以上。

②培训：参照贝恩等（Bayon et al.，2016）和基尼克等（Gielnik et al.，2012）的研究，用"是否参加培训"来判断创业者创业前是否接受过培训，

但此题项并不能说明创业者参加的培训与现今的创业相关。本书还增加了培训内容（多选）和强度指标，具体的题项有："您参加的创业培训内容""您参加的培训次数""您参加的培训经历与现今的创业项目联系紧密""大部分的培训时间持续了多久"。

③工作经历：借鉴萨姆艾克松和戴维森（2009）、基尼克等（2012）、索尼亚诺和卡士托尼瓦尼（2012）、许明（2020）、林龙飞等（2019）的研究，本书用"您有外出/本地打工的经历""您在创业之前有过其他创业经历""您拥有管理的工作经历""您拥有企事业单位的工作经历""您拥有民营企业工作经历""您的工作经历比较丰富（数量多或跨行业）"来测量工作经历对创业的影响。

④健康状况：借鉴张超等（2007）、基尼克等（2012）、赵红和谢琼（2018）、林嵩（2020）等的研究，从身体健康和心理健康两个方面测量，以"您认为自己的身体素质比较好""您在过去一年内生病次数极少""您在过去一年内没有因为身体不适去过医院""您的情绪控制能力较强""您的抗挫能力较强，能正视现实""您没有社交障碍，善于与人相处"来测量。

（3）调节变量。

①制度环境：参考 GEM 的相关成果和莫娜洛娃等（2010）、蒋春燕和赵曙明（2010）、朱红根等（2015）、邹国庆和高辉（2017）的量表，采用"本地政府积极为新生代移民就业搭建平台提供机会""本地政府会为创业人群提供融资帮助或财税政策倾斜""政府积极为新创业人群提供扶持措施""政府积极支持创业活动发挥有效作用""政府积极支持所有市民开展创业活动"来测量。

②社区环境：借鉴朱华晟等（2019）、王阿娜（2011）的研究，采用"您能通过参与合作社等社会团体获得组织对您创业的帮助""您所在的社区鼓励创业和创新""您所在的社区高度赞扬通过个人努力取得成功""您所在的社区尊重参与创业活动的成员""您所在的社区中村民相互帮助程度高"五个题项来测量。

③义务教育阶段学校硬件条件与软件能力：考虑到三峡库区新生代移民创业教育的特殊性，本书以陶丹和陈德慧（2010）建立的创业教育质量评价指标体系为依据，采用"义务教育阶段学校的硬件条件""学校的学生生源""学校的教学质量""学校拥有个性的文化""学校拥有特色的教学方法""学校拥有师德高尚和业务精良的教师队伍""学校跨校、跨地区的资源相互开放与共享"来测量。

④父辈的教育观念：借鉴朱根红（2014）和林德奎斯特（Lindquist，2015）的研究，本书采用"父母非常看重教育投资（择校/补习/文具/练习册等花费）""父母选择教育资源的标准"来测量。

（4）中介变量。

①创业机会识别：结合新生代移民创业者创业活动的实际情况，本书以奥兹根和巴伦（Ozgen & Baron，2007）、张玉利等（2008）、郑健壮等（2018）以及闫华飞和蒋鸽（2019）的研究成果，采用"是否发现过创业机会""打算创业时总是比别人先发现商机""了解并掌握人们需要的产品/服务的信息和知识""能够很快地对商机进行取舍""您了解改进现有产品或服务的信息"来测量。

②社会网络：借鉴格雷夫和萨拉夫（Greve & Salaff，2003）和蔡莉等（2010）的研究，本书采用"经常联系的亲戚朋友数量""亲戚朋友是干部的数量（政府或企业）""经常通过互联网新媒介（微博/微信/QQ）建立您的社会关系"来衡量新生代移民的社会网络情况。

（5）控制变量。

主要从个人特质和家庭特征两个方面对控制变量进行选取。其中，个体特征差异（年龄、性别）对创业选择会有一定的影响（Renzulli et al.，2000）；个体创业者的婚姻状况和家庭年收入也会影响创业选择（刘鹏程等，2013）；搬迁到现居住地时间和从事的行业与新生代移民密切相关。因此，本书控制了年龄（age）、性别（gender）、婚姻状况（ms）、搬迁到现居住地时间（time）、从事的行业（business）、家庭年收入（capital）的影响，具体如下。

①年龄：创业者积累的创业经验和创业技能与年龄呈正相关，因此，年龄越大，越利于创业。

②性别：由于创业活动是具有一定高风险性的经济行为，女性多为风险厌恶的群体，因此，女性比男性的创业概率更低。

③婚姻状况：相对于单身、未婚和离婚人群，已婚人群的风险承担能力和责任性更高，因此，已婚与创业正相关。

④搬迁到现居住地时间：由于库区移民群体存在被动移居的问题，在现居住地的生活时间越长，对于当地的市场需求越了解，社会网络的建立越稳定。因此，搬迁到现居住地的时间与创业活动正相关。

⑤从事的行业：从事的行业主要分为第一产业、第二产业和第三产业，新生代移民创业活动大多处于第三产业中。因此，预期第三产业比第一和第二产业的创业概率更高。

⑥家庭年收入：家庭年收入水平是作为衡量创业活动开展和取得收益的关键性因素。家庭年收入水平越高，创业可利用的创业资金越高，同时，承担创业风险的能力也越强。因此，家庭年收入水平与创业活动正相关。主要变量的测量如表4.2所示。

**表4.2**                       **变量测量汇总**

| 变量 | 代码 | 变量名称 | 变量定义 | 变量赋值 |
|---|---|---|---|---|
| 被解释变量 | $y_1$ | 创业决策 | 创业与否 | 已经创业赋值为1，未创业赋值为0 |
| | $y_2$ | 创业绩效 | 事业整体运营情况<br>事业盈利状况<br>事业规模情况<br>事业市场占有率情况<br>总结或提出的新技术、新方法的应用给所创事业带来经济效益<br>总结或提出的新技术、新方法被肯定<br>总结或提出的新技术、新方法被效仿和应用 | 按五级量表赋值，1代表完全不符合，2代表不大符合，3代表一般，4代表大部分符合，5代表完全符合，并加总求平均值 |

| 变量 | 代码 | 变量名称 | 变量定义 | 变量赋值 |
|---|---|---|---|---|
| 解释变量 | edu | 教育 | 受访时实际受教育年限 | 小学赋值为 6，初中赋值为 9，<br>高中赋值为 12，大专赋值为 15，<br>本科赋值为 16，研究生赋值为 19 |
| | tc | 培训内容 | 参加创业有关的培训<br>或者其他培训 | 创业培训赋值为 1，其他培训赋值为 0<br>（管理培训、市场经济形式、专业技能） |
| | it | 培训强度 | 培训与现今创业不同程度<br>紧密 | 按五级量表赋值，1 代表完全不符合，<br>2 代表不大符合，3 代表一般，<br>4 代表大部分符合，5 代表完全符合 |
| | | | 培训频次 | 0 次赋值为 1，1~3 次赋值为 2，<br>4~6 次赋值为 3，7~9 次赋值为 4，<br>10 次及以上赋值为 5 |
| | | | 培训持续时间 | 一周赋值为 1，1 个月以内赋值为 2，<br>2~3 个月赋值为 3，4~5 个月赋值为 4，<br>6 个月及以上赋值为 5 |
| | we | 打工经历 | 拥有打工经历 | 有打工经历赋值为 1，无打工经历赋<br>值为 0 |
| | ee | 创业经历 | 先前有创业的经历 | 有创业经历赋值为 1，无创业经历赋<br>值为 0 |
| | me | 管理经历 | 拥有管理工作的经历 | 有管理经历赋值为 1，无管理经历赋<br>值为 0 |
| | rwe | 工作经历丰富<br>程度 | 工作经历比较丰富<br>（数量多或者跨行业） | 按五级量表赋值，1 代表完全不符合，<br>2 代表不大符合，3 代表一般，<br>4 代表大部分符合，5 代表完全符合 |
| | ph | 身体健康 | 自己的身体素质比较好<br>在过去一年内生病次数极少<br>在过去一年内没有因为身<br>体不适去医院 | 按五级量表赋值，1 代表完全不符合，<br>2 代表不大符合，3 代表一般，<br>4 代表大部分符合，5 代表完全符合 |
| | mh | 心理健康 | 情绪控制能力<br>抗挫能力、正视现实能力<br>社交障碍、善于与人相处<br>能力 | 按五级量表赋值，1 代表完全不符合，<br>2 代表不大符合，3 代表一般，<br>4 代表大部分符合，5 代表完全符合 |

| 变量 | 代码 | 变量名称 | 变量定义 | 变量赋值 |
|---|---|---|---|---|
| 调节变量 | $mjy_1\_6$ | 义务教育阶段学校的基础设施 | 学校具有优质的硬件设施情况（教学楼、图书馆、体育场、实验室、多媒体教室、学生食堂以及住宿条件等） | 按五级量表赋值，1代表完全不符合，2代表不大符合，3代表一般，4代表大部分符合，5代表完全符合 |
| | $mjy\_ywr$ | 义务教育阶段学校的软件能力 | 学校的学生生源丰富 学校的教学质量优良 学校拥有个性的文化 学校拥有特色的教学方法 学校拥有师德高尚和业务精良的教师队伍 学校有跨校跨地区的资源相互开放与共享 | 按五级量表赋值，1代表完全不符合，2代表不大符合，3代表一般，4代表大部分符合，5代表完全符合，并加总求平均值 |
| | $mfb_2$ | 父辈教育观念 | 父辈看重子女教育投资 | 按五级量表赋值，1代表完全不符合，2代表不大符合，3代表一般，4代表大部分符合，5代表完全符合 |
| | ie | 制度环境 | 政府为就业搭建平台、提供融资帮扶、提供创业帮扶、支持开展创业、提供财税政策倾斜等 | 按五级量表赋值，1代表完全不符合，2代表不大符合，3代表一般，4代表大部分符合，5代表完全符合 |
| | ce | 社区环境 | 社区干部工作效率高、创业失败得到包容、本地居民鼓励创业、赞扬创新、尊重创业活动、社会氛围推崇创业等 | 按五级量表赋值，1代表完全不符合，2代表不大符合，3代表一般，4代表大部分符合，5代表完全符合 |
| 中介变量 | zsh | 社会网络 | 有很多经常联系的亲戚朋友 有很多亲戚朋友是干部 经常通过互联网新媒介（微博/微信/QQ）建立您的社会关系 | 按五级量表赋值，1代表完全不符合，2代表不大符合，3代表一般，4代表大部分符合，5代表完全符合 |

续表

| 变量 | 代码 | 变量名称 | 变量定义 | 变量赋值 |
|---|---|---|---|---|
| 中介变量 | $mjy_2$ | 创业机会识别 | 打算创业时总是比别人先发现商机<br>了解并掌握人们需要的产品/服务的信息和知识<br>能够很快对商机进行取舍<br>您了解改进现有产品或服务的信息 | 按五级量表赋值，1代表完全不符合，2代表不大符合，3代表一般，4代表大部分符合，5代表完全符合，并加总求平均值 |
| 控制变量 | age | 年龄 | 受访时实际年龄 | 受访时实际年龄 |
| | gender | 性别 | 男性或女性 | 男性赋值为1，女性赋值为0 |
| | ms | 婚姻状况 | 婚姻状况的五种情况 | 已婚赋值为1；<br>单身、未婚、离婚和其他的状况赋值为0 |
| | time | 搬迁到此地年限 | 现居住地的时间长短 | 10~15年及以上赋值为1，1~9年赋值为0 |
| | business | 从事的行业 | 将12个行业划分为服务业和非服务业产业 | 第一、第二产业赋值为0（农、林、牧、渔/建筑建材/服装纺织），第三产业赋值为1（电商行业/餐饮住宿/零售批发/教育培训/医疗保健/旅游休闲/居民服务/交通运输/其他） |
| | capital | 家庭收入水平 | 目前家庭年收入状况 | 9万~15万元赋值为1，3万~8万元赋值为0 |

本书使用SPSS25.0对问卷的信度和效度进行了检验，人力资本、创业机会识别、社会网络、制度环境、社区环境、创业绩效的各个分量表的Cronbach's α值分别为0.798、0.867、0.834、0.960、0.922和0.946，均大于0.70；KMO值分别为0.805、0.798、0.831、0.886、0.881和0.887，均大于0.70，Bartlett球性检验的P值均为0.000，小于0.05，这说明各个分量表效度较高（详情见附录表1和附录表2）。进一步验证了问卷数据的有效性、正确性、合理性和稳定性。

## 4.2　三峡库区新生代移民人力资本现状分析

### 4.2.1　新生代移民的基本情况

借鉴廖根深（2010）对中国青年职业发展的三阶段论，本书将总样本中新生代移民年龄分为"社会闯荡期（22 岁及以下）""职业磨合期（23 ~ 27 岁）""事业起步期（28 ~ 32 岁）""事业稳定期（33 ~ 45 岁）"四个年龄段。样本中新生代移民创业者的平均年龄为 33 岁，样本分布区间为 18 ~ 40 岁。新生代移民的年龄分布统计显示，介于 22 ~ 27 岁处在"社会闯荡期"和"职业磨合期"的新生代移民占了 15.0%，这表明 1/6 的新生代移民处在职业流动频繁、职业不稳定、人力资本提升与积累的关键时期；处于"事业稳定期"的新生代移民占了 58.4%，这表明有五成的新生代移民处于有一定人力资本和职业经历的成熟时期；所有新生代中，样本数最多的年龄阶层是 35 岁和 38 岁，其次是 29 岁、32 岁和 39 岁；22 岁及以下年龄段的创业者较少，29 ~ 40 岁的新生代移民中创业比例最高，几乎有八成处于"事业稳定期"的新生代移民选择创业，这进一步说明，29 岁以上的新生代移民已经具备一定的资本、人脉、经验，所以更有实力，也更愿意创业。

从调研样本的性别分布来看，此次调研对象男女占比分别为 59.7% 和 40.2%，男女性别比为 1.48，与第七次人口普查男女比例 1.08 相比更高。由于性别比例存在地区差异，村镇地区男性相较更多，新生代移民创业群体也不例外。

从婚姻状况看，三峡库区新生代移民创业者绝大多数都已婚，占比达 67.7%，少部分单身或未婚的新生代移民创业占比为 16.1% 和 10.0%，这和"三峡库区 30 岁以下的新生代移民创业占比更少"在数据上相呼应，说明相对稳定的家庭生活更能激发创业决策。

从搬迁到现居住地的时间看，80% 的新生代移民跟随父辈移居到现居住地的时间都在 10 年以上，创业还是未创业的搬迁年限的差别并不大。

从家庭年收入水平来看，新生代移民总样本与创业者的家庭年收入水平分别为 9.36 万元和 9.46 万元，均值几乎无差别，但是将创业者与未创业者进行比较会发现，未创业者的家庭年收入水平均位于 3 万 ~ 11 万元的范围内，新生代创业者的家庭年收入水平大部分位于 9 万 ~ 15 万元的范围内。由于此数据仅表示 2020 年的大致水平，而创业绩效受经济环境影响波动较大，所以从占比分析会更具有参考性。

综上所述，新生代移民中创业群体与非创业群体的基本情况差距不大。将婚姻状况和年龄段对应分析，新生代移民基本特征与创业前期的人力资本积累资本、资金准备、人脉与经验、生计与生活压力等因素相关，在有了一定的阅历、资金、社会网络和技能后，新生代移民更愿意选择创业而非就业；在新生代移民的未婚、单身人群和低年龄段人群中，创业发展还有提升的潜力。具体情况如表 4.3 所示。

表 4.3　　　　　　　　　　总样本与创业者基本情况统计

| 项目 | | | 样本数（个） | 占比（%） |
|---|---|---|---|---|
| 总样本 | 性别 | 男 | 392 | 59.7 |
| | | 女 | 264 | 40.2 |
| | 婚姻状况 | 单身 | 106 | 16.1 |
| | | 未婚 | 66 | 10.0 |
| | | 已婚 | 442 | 67.3 |
| | | 离异 | 35 | 5.3 |
| | | 其他 | 7 | 1.0 |
| | 搬迁到现居住地时间 | 1 ~ 3 年 | 39 | 5.9 |
| | | 4 ~ 6 年 | 39 | 5.9 |
| | | 7 ~ 10 年 | 84 | 12.8 |
| | | 11 ~ 15 年 | 137 | 20.8 |
| | | 15 年以上 | 357 | 54.4 |

续表

| 项目 | | | 样本数（个） | 占比（%） |
|---|---|---|---|---|
| 总样本 | 家庭年收入 | 3万~5万元 | 57 | 8.6 |
| | | 6万~8万元 | 262 | 39.9 |
| | | 9万~11万元 | 176 | 26.8 |
| | | 12万~14万元 | 84 | 12.8 |
| | | 15万元及以上 | 77 | 11.7 |
| | 不同年龄段样本数比 | 22岁及以下 | 25 | 3.8 |
| | | 23~27岁 | 86 | 13.1 |
| | | 28~32岁 | 162 | 24.7 |
| | | 33~45岁 | 383 | 58.4 |
| 创业者 | 性别 | 男 | 294 | 58.5 |
| | | 女 | 208 | 41.4 |
| | 婚姻状况 | 单身 | 79 | 15.7 |
| | | 未婚 | 48 | 9.5 |
| | | 已婚 | 340 | 67.7 |
| | | 离异 | 31 | 6.1 |
| | | 其他 | 4 | 0.7 |
| | 搬迁到现居住地时间 | 1~3年 | 25 | 4.9 |
| | | 4~6年 | 30 | 5.9 |
| | | 7~10年 | 65 | 12.9 |
| | | 11~15年 | 101 | 20.4 |
| | | 15年以上 | 281 | 55.9 |
| | 家庭年收入 | 3万~5万元 | 44 | 8.9 |
| | | 6万~8万元 | 191 | 37.9 |
| | | 9万~11万元 | 141 | 28.0 |
| | | 12万~14万元 | 64 | 12.7 |
| | | 15万元及以上 | 62 | 12.3 |
| | 不同年龄段样本数比 | 22岁及以下 | 18 | 3.6 |
| | | 23~27岁 | 63 | 12.5 |
| | | 28~32岁 | 120 | 23.9 |
| | | 33~45岁 | 301 | 60.0 |

资料来源：根据调研数据整理。

　　为了进一步突出新生代群体的特征，在问卷设计中加入了心理特征作为分析因素，总样本的心理特征均值分别为 3.74、3.66、3.66 和 3.61。新生代移民自小就跟随父母搬迁到新的居住地，或是初高中毕业就到外地打工赚钱，他们的忍耐力和吃苦精神远不及父辈，这说明新生代移民身上呈现出时代性、思维开放、个性化和风险承担能力弱的群体特征。具体而言：受经济发展的影响，20 世纪 80 年代和 90 年代出生的新生代移民具有多元和思维开放性，这使其很容易成为都市生活方式的向往者并对未来期望较高。但职业发展存在较大的不确定性以及产生的需求与能力不匹配的问题，促使一部分新生代移民群体回归故里开始创业，然而其心理预期高于父辈，耐受力却低于父辈。除此之外，移民作为一个容易被贴上社会标签的群体，还存在被迁入地居民集体性排斥的风险，但是这种现象在搬迁多年之后逐渐弱化，新生代移民也不再局限于移民身份的约束，社会融入度比父辈更高，更加追求对自我价值的实现。所以，从心理特征可以很明显地反映出新生代移民的时代特征。具体情况如表4.4 所示。

**表 4.4　　　　　　　　总样本的心理特征情况**

| 项目 | | 样本数（个） | 占比（%） | 均值 | 标准差 |
|---|---|---|---|---|---|
| 与父辈相比，您的接受力更强、思维更开放、更个性化 | 完全不符合 | 16 | 2.4 | 3.74 | 0.94 |
| | 比较不符合 | 21 | 3.2 | | |
| | 中立 | 237 | 36.1 | | |
| | 比较符合 | 228 | 34.8 | | |
| | 完全符合 | 154 | 23.5 | | |
| 与父辈相比，您的思维模式偏向于发散、创新和拓展 | 完全不符合 | 6 | 0.9 | 3.66 | 0.87 |
| | 比较不符合 | 33 | 5.0 | | |
| | 中立 | 264 | 40.2 | | |
| | 比较符合 | 230 | 35.1 | | |
| | 完全符合 | 123 | 18.8 | | |
| 与父辈相比，您更渴望融入社会、实现自我并敢于展示自我 | 完全不符合 | 9 | 1.3 | 3.66 | 0.9 |
| | 比较不符合 | 27 | 4.1 | | |
| | 中立 | 281 | 42.8 | | |
| | 比较符合 | 203 | 31.0 | | |
| | 完全符合 | 136 | 20.8 | | |

续表

| 项目 | | 样本数（个） | 占比（%） | 均值 | 标准差 |
|---|---|---|---|---|---|
| 与父辈相比，您的承担风险的能力更强 | 完全不符合 | 122 | 18.6 | 3.61 | 0.88 |
| | 比较不符合 | 199 | 30.4 | | |
| | 中立 | 301 | 45.9 | | |
| | 比较符合 | 25 | 3.8 | | |
| | 完全符合 | 9 | 1.3 | | |

注：表4.4 按照五级进行赋值，"完全不符合、比较不符合、中立、比较符合、完全符合"分别赋值为1、2、3、4、5。

资料来源：根据调研数据整理。

## 4.2.2　新生代移民人力资本现状分析

（1）教育。受教育程度是衡量人力资本水平的重要变量，中国家庭追踪调查（China Family Panel Studies，CFPS）将最高学历划分为文盲半文盲、小学、初中、高中、大专、大学本科、硕士、博士八个层次。参照 CFPS 对受教育水平处理方法及样本分布状况，本问卷将受教育年限进行设置："小学及以下"赋值为6、"初中"赋值为9、"高中或中专"赋值为12、"大专"赋值为15、"大学本科"赋值为16、"硕士及以上"赋值为19。

从文化程度来看，三峡库区新生代移民创业者文化程度从初中到研究生都有分布，大多数文化程度高于2020年全国劳动年龄人口受教育水平10.8年。初中及以下的新生代移民占10.5%，高中及中专文化程度的新生代移民占25.4%，大专及以上文化程度只占63.9%。这说明国家在对库区新生代移民的基础教育和职业教育投入上收到了实效，高中、中专和大专文化程度的新生代移民数量占比接近总创业样本数的2/3。但是库区的高学历创业群体明显较低，这一方面说明年轻一代高学历人才的流失，另一方面说明三峡库区的创业群体并没有获得高等素质教育的需求。

新生代移民受教育年限的统计显示，未创业的新生代移民（154人）受教育年限均值为13.4年，而创业者（502人）则为14.0年。受教育程度在新生代移民创业者和未创业者两个群体中有一定的年限差距，虽然无论是创

· 76 ·

业者还是未创业者，新生代移民基本都完成了九年义务教育，但创业者的受教育水平基本在高中或中专及以上。其中，学历在"高中或中专"或"大专"的新生代移民占比最多，分别是 23.7% 和 40.4%，学历在"小学及以下"和"硕士及以上"的新生代移民样本数几乎为零，表明被调查样本的受教育年限呈现倒"U"型规律。63.4% 的总样本受过高等教育，但硕士研究生以上学历创业率情况说服力不足。据国家统计局 2019 年新生代农民工创业调查报告显示，其平均年龄为 23 岁左右，平均受教育年限为 16 岁，基本上离开学校就开始外出打工或就业。综上所述，受教育年限与创业率不成正比，受职业教育影响的"大学专科"新生代移民群体创业比例最高。与同年龄段的农民工创业者相比，新生代移民创业整体的文化素质偏低。具体情况如表 4.5 所示。

**表 4.5** 总样本与创业者的受教育年限情况

| 项目 | | 样本数（个） | 占比（%） | 均值 | 标准差 |
|---|---|---|---|---|---|
| 总样本 | 6 年 | 0 | 0 | 13.87 | 2.26 |
| | 9 年 | 69 | 10.5 | | |
| | 12 年 | 167 | 25.4 | | |
| | 15 年 | 256 | 39.0 | | |
| | 16 年 | 161 | 24.5 | | |
| | 19 年 | 3 | 0.4 | | |
| 创业者 | 6 年 | 0 | 0 | 14.01 | 2.21 |
| | 9 年 | 47 | 9.3 | | |
| | 12 年 | 119 | 23.7 | | |
| | 15 年 | 202 | 40.4 | | |
| | 16 年 | 131 | 26.0 | | |
| | 19 年 | 3 | 0.5 | | |

资料来源：根据调研数据整理。

（2）教育与义务阶段的学校硬件条件、学校软件能力和父辈教育观念。关于义务教育阶段的学校硬件条件与软件能力，问卷设计了 12 个问项来进行刻画，它在一定程度上能反映义务教育阶段学校的教育质量，同时，几乎所有的被调查者都完成了九年义务教育，所有对义务教育阶段的情况进行的调查都具有参考性。另外，父辈的教育观念作为来自家庭的潜在重要影响也会对被调查者的受教育年限和受教育质量产生影响。

在被调查的新生代移民中，担任过学生干部的占61.2%，从小责任心和管理能力的培养对后续工作中的领导能力有锻炼作用；参加过课外辅导班的新生代移民与未参加的占比差异不大，这一项与学生在校期间的考试成绩、家庭经济情况和上进心有关；在被调查的新生代移民的小学和初中级别可知，新生代移民在区县/省市级学校上初中的样本数比在村镇学校上小学的样本数呈倍数增长。这些数据都反映出新生代移民在义务教育阶段的受教育环境相比老一辈有很大的改善，都基于国家教育投入和制度改革的落实，但是还有不断提升的空间。

在学校的硬件条件数据中，81.3%的新生代移民对其学校的教学楼、图书馆、体育场、实验室、多媒体教学设备等硬件设施的评价处于比较满意的水平上；92.9%的新生代移民对其学校师德高尚、业务精良的教师队伍表示较满意，93.9%的新生代移民对其学校的教学质量表示赞扬，89.9%的新生代移民对其学校的特色教学方法的总体评价呈中偏上，30.4%的新生代移民认为其学校拥有相对个性的文化氛围，22.1%学校具有跨校、跨地区的相互开放与共享的资源。以上数据说明大部分新生代移民对其小学和初中的教师教学水平、教学质量和教学方法都达到了满意的程度，但是义务教育阶段的学校教育文化特色还不够鲜明，人才培养缺乏足够的针对性和个性特色，从而会对学生的兴趣培养和职业发展产生一定影响。这些数据在一定程度上反映出新生代移民迁入地的教育资源配置效率较低，在全国高等教育资源总体不均的情况下，新生代移民收获的基础教育资源在逐步优化，但教育质量的发展仍存在许多制约因素。

除此之外，父辈在对其子女的教育观念上有一定的提升，83.2%的父母都很关注子女的教育问题，愿意为教育投资，虽然父辈的受教育水平有限，选择教育资源的能力也有限，但也希望其子女能够尽可能地接受到更高水平的教育。具体情况如表4.6所示。

**表 4.6　　　总样本在义务教育阶段的学校硬件条件与软件能力、
父辈教育观念情况**

| 项目 | | 样本数（个） | 占比（%） | 均值 | 标准差 |
|---|---|---|---|---|---|
| 是否有担任过学生干部 | 是 | 401 | 61.2 | 0.61 | 0.49 |
| | 否 | 255 | 38.8 | | |
| 是否参加过课外辅导班 | 是 | 283 | 43.2 | 0.43 | 0.50 |
| | 否 | 373 | 56.8 | | |
| 小学学校位于 | 农村（乡镇村） | 398 | 60.5 | 0.05 | 0.22 |
| | 县城 | 223 | 34.1 | | |
| | 区（地级市） | 31 | 4.7 | | |
| | 省会城市（直辖） | 4 | 0.6 | | |
| 初中学校属于 | 普通学校 | 394 | 59.9 | 0.23 | 0.42 |
| | 中心学校（中小学） | 113 | 17.6 | | |
| | 区县重点 | 130 | 19.7 | | |
| | 市级重点 | 11 | 1.6 | | |
| | 省级重点 | 8 | 1.2 | | |
| 学校具有优质的硬件设施（教学楼、图书馆、体育场、实验室、多媒体教学设备、学生食堂、住宿条件等） | 完全不符合 | 54 | 8.2 | 3.21 | 1.06 |
| | 不大符合 | 69 | 10.5 | | |
| | 一般 | 299 | 45.7 | | |
| | 大部分符合 | 151 | 23.0 | | |
| | 完全符合 | 83 | 12.6 | | |
| 学校的学生生源丰富 | 完全不符合 | 16 | 2.4 | 3.40 | 0.95 |
| | 不大符合 | 31 | 4.7 | | |
| | 一般 | 340 | 52.0 | | |
| | 大部分符合 | 172 | 26.2 | | |
| | 完全符合 | 97 | 14.7 | | |
| 学校的教学质量优良 | 完全不符合 | 17 | 3.6 | 3.32 | 0.90 |
| | 不大符合 | 24 | 2.5 | | |
| | 一般 | 370 | 56.4 | | |
| | 大部分符合 | 169 | 26.0 | | |
| | 完全符合 | 76 | 11.5 | | |

续表

| 项目 | | 样本数（个） | 占比（%） | 均值 | 标准差 |
|---|---|---|---|---|---|
| 您的学校拥有个性的文化 | 完全不符合 | 40 | 6.0 | 3.13 | 0.93 |
| | 不大符合 | 29 | 4.4 | | |
| | 一般 | 389 | 59.2 | | |
| | 大部分符合 | 150 | 23.1 | | |
| | 完全符合 | 48 | 7.3 | | |
| 学校拥有特色的教学方法 | 完全不符合 | 43 | 6.5 | 3.12 | 0.94 |
| | 不大符合 | 24 | 3.6 | | |
| | 一般 | 402 | 61.5 | | |
| | 大部分符合 | 135 | 20.5 | | |
| | 完全符合 | 52 | 7.9 | | |
| 学校拥有师德高尚和业务精良的教师队伍 | 完全不符合 | 18 | 2.7 | 3.37 | 0.92 |
| | 不大符合 | 29 | 4.4 | | |
| | 一般 | 370 | 56.4 | | |
| | 大部分符合 | 158 | 24.1 | | |
| | 完全符合 | 81 | 12.4 | | |
| 学校有跨校、跨地区的相互开放与共享的资源 | 完全不符合 | 47 | 7.1 | 3.02 | 0.99 |
| | 不大符合 | 69 | 10.5 | | |
| | 一般 | 395 | 60.2 | | |
| | 大部分符合 | 92 | 14.1 | | |
| | 完全符合 | 53 | 8.0 | | |
| 最高学历学校培养侧重点 | 通识教育和素质教育 | 331 | 50.3 | 0.50 | 0.50 |
| | 职业技能实践训练 | 325 | 49.7 | | |
| 父母非常看重教育投资 | 完全不符合 | 22 | 3.3 | 3.49 | 0.97 |
| | 不大符合 | 88 | 13.4 | | |
| | 一般 | 297 | 45.4 | | |
| | 大部分符合 | 159 | 24.1 | | |
| | 完全符合 | 90 | 13.7 | | |

续表

| 项目 | | 样本数<br>（个） | 占比<br>（%） | 均值 | 标准差 |
|---|---|---|---|---|---|
| 父母选择教育资源的标准 | 没有标准 | 110 | 16.7 | 2.94 | 1.20 |
| | 就近原则 | 338 | 51.5 | | |
| | 搬迁就读 | 36 | 5.7 | | |
| | 在能力范围内择优 | 169 | 25.7 | | |
| | 超出能力范围择优 | 3 | 0.4 | | |

注："农村、县城、区和省会城市"分别赋值1、2、3、4；"普通学校、中心学校、区县重点、市级重点、省级重点"分别赋值1、2、3、4、5；最高学历学校培养侧重点中将"职业技能实践培训"赋值为1，"通识教育和素质教育"赋值为0；父母选择教育资源的标准中"没有标准、就近原则、搬迁就读、在能力范围内择优和超出能力范围择优"分别赋值为1、2、3、4、5。

资料来源：根据调研数据整理。

（3）培训。在被调查的新生代移民总样本中，有268人参加过与创业有关的培训，占比40.9%，在502名创业者中有254名新生代移民参加过与创业有关的培训，占比50.6%，创业者中参加与创业有关的培训的新生代移民的比例稍高一些，参与过创业培训的新生代移民有可能被激发创业动机，创业培训对新生代移民创业决策是直接反馈的，但创业培训的覆盖面还不够广，培训对创业与否的促进作用仍然不够理想。

创业者参加培训的强度（培训次数、培训相关性和培训持续时间）还有可以提升的空间，均值分别为2.74、1.60和3.25。此数据反映出三峡库区培训内容针对性不强，新生代移民群体主要参加的培训以政府提供的公共培训、就职前培训为主，培训级别较低且培训次数较少，并未完全贴合当地创业实际情况。具体情况如表4.7所示。

**表4.7　　　　　　　总样本和创业者的创业培训情况**

| 项目 | | | 样本数<br>（个） | 占比<br>（%） | 均值 | 标准差 |
|---|---|---|---|---|---|---|
| 总样本 | 培训 | 是 | 553 | 84.3 | 0.84 | 0.36 |
| | | 否 | 103 | 15.7 | | |
| | 培训内容 | 创业培训 | 268 | 40.9 | 0.41 | 0.49 |
| | | 专业技能、管理培训、市场经济形式和其他 | 388 | 54.1 | | |

| 项目 | | | 样本数（个） | 占比（%） | 均值 | 标准差 |
|---|---|---|---|---|---|---|
| 总样本 | 参加的培训次数 | 0 次 | 103 | 15.7 | 2.55 | 1.12 |
| | | 1~3 次 | 289 | 44.0 | | |
| | | 3~6 次 | 148 | 22.5 | | |
| | | 6~9 次 | 44 | 6.7 | | |
| | | 10 次及以上 | 72 | 10.9 | | |
| | 大部分的培训时间持续了 | 一周 | 445 | 67.8 | 1.52 | 0.96 |
| | | 一个月内 | 144 | 22.2 | | |
| | | 2~3 个月 | 30 | 4.5 | | |
| | | 4~5 个月 | 15 | 2.2 | | |
| | | 6 个月及以上 | 22 | 3.3 | | |
| | 与现今的创业项目联系紧密程度 | 完全不符合 | 34 | 5.1 | 3.09 | 1.04 |
| | | 不大符合 | 133 | 20.2 | | |
| | | 一般 | 282 | 43.2 | | |
| | | 大部分符合 | 149 | 22.7 | | |
| | | 完全符合 | 58 | 8.8 | | |
| 创业者 | 培训 | 是 | 502 | — | — | — |
| | | 否 | 0 | — | | |
| | 培训内容 | 创业培训 | 254 | 50.6 | 0.51 | 0.50 |
| | | 专业技能、管理培训、市场经济形式和其他 | 248 | 49.4 | | |
| | 参加的培训次数 | 0 次 | 0 | 0 | 2.74 | 1.12 |
| | | 1~3 次 | 263 | 52.3 | | |
| | | 3~6 次 | 131 | 26.0 | | |
| | | 6~9 次 | 38 | 7.5 | | |
| | | 10 次及以上 | 70 | 13.9 | | |
| | 大部分的培训时间持续了 | 一周 | 309 | 61.5 | 1.60 | 1.01 |
| | | 一个月内 | 130 | 25.8 | | |
| | | 2~3 个月 | 28 | 5.5 | | |
| | | 4~5 个月 | 14 | 2.7 | | |
| | | 6 个月及以上 | 21 | 4.1 | | |

续表

| 项目 | | 样本数（个） | 占比（%） | 均值 | 标准差 |
|---|---|---|---|---|---|
| 创业者 | 与现今的创业项目联系紧密程度 完全不符合 | 0 | 0 | 3.25 | 1.00 |
| | 不大符合 | 52 | 10.4 | | |
| | 一般 | 250 | 49.8 | | |
| | 大部分符合 | 144 | 28.6 | | |
| | 完全符合 | 56 | 11.2 | | |

注："创业培训"赋值为1，"专业技能、管理培训、市场经济形式和其他"赋值为0；训练次数中"0次、1~3次、3~6次、6~9次、10次及以上"分别赋值为1、2、3、4、5，所得数值不是具体培训次数；培训时间中"一周、一个月内、2~3个月、4~5个月、6个月以上"分别赋值为1、2、3、4、5，所得数值不是具体培训时长。

资料来源：根据调研数据整理。

（4）工作经历。从工作经历来看，三峡库区新生代移民创业者绝大多数都有工作经历，有工作经历者占比达63.8%，在一定程度上反映了新生代移民现居住地的制度环境、社区环境已经产生了较为明显的改善，但没有工作经历的样本数也不小。随着经济社会的快速发展，市场环境、发展态势等都处于深刻的变革中，要从以往的拉动型创业转变为创造良好的制度环境和社区环境推动型创业，制度的完善和改革以及社区环境的优化仍是政府提升居民创业水平的重点工作。

在被调查的总样本中，75.6%的新生代移民有过打工经历，在287名创业者中，77.7%的创业者有过打工经历。三峡库区新生代移民因被动搬迁，传统的血缘、亲缘和地缘的关系网络遭到破坏，丰富的打工经历、创业经历和工作经历能帮助新生代移民积累一定的社会资源，构建新型的同乡、同事关系网络，增强新生代移民创业的人力资本。有外出打工经历的新生代移民创业者比例略高于总样本，在一定程度上可以反映是否有工作经历对创业决策有一定的影响。在总样本中，有298个新生代移民有先前创业经历或者管理经历，而其中287个在被调查时为已创业者，说明拥有先前创业经历或管理经历的人更愿意尝试自主创业。在创业者中首次创业的比例为36.9%，侧面说明新生代移民的创业环境对其创业有激发作用，从而使得源源不断的新生力量加入进来。

通过对比创业者与非创业者的工作经历的各项均值可知，新生代移民创业者的外出打工经历、先前创业经历、管理经历、企事业单位工作经历、民营企业工作经历和经历丰富程度都比非创业者高，说明丰富的工作经历确实对决策有一定的促进作用。

综上所述，以上数据一方面反映了工作经历对创业的积极影响，另一方面说明相当部分的新生代移民外出务工时间较长，此行为在短时间内会削弱其人力资本在教育方面的积累，但从长期来看，创业者也可以从工作经历、先前创业经历和管理经历中进行人力资本的增值，以弥补教育缺失。这说明丰富的工作经历或管理经历有利于新生代移民创业者积累人力资本，激发其创业意愿和作出创业决策。具体情况如表4.8所示。

表4.8　　　　　　　　总样本和创业者的工作经历情况

| | 项目 | | 样本数（个） | 占比（%） | 均值 | 标准差 |
|---|---|---|---|---|---|---|
| 总样本 | 有过外出/本地打工经历 | 是 | 496 | 75.6 | 0.76 | 0.41 |
| | | 否 | 160 | 24.4 | | |
| | 在现今的创业之前是否有过其他的创业经历 | 是 | 272 | 41.5 | 0.41 | 0.49 |
| | | 否 | 384 | 58.5 | | |
| | 拥有从事管理工作的经历 | 是 | 390 | 59.5 | 0.59 | 0.49 |
| | | 否 | 266 | 40.5 | | |
| | 拥有企事业单位的工作经历 | 是 | 318 | 48.5 | 0.48 | 0.50 |
| | | 否 | 338 | 51.5 | | |
| | 拥有民营企业工作的经历 | 是 | 315 | 48.0 | 0.48 | 0.50 |
| | | 否 | 341 | 52.0 | | |
| | 工作经历比较丰富（数量多或者跨行业） | 完全不符合 | 28 | 4.3 | 3.22 | 1.21 |
| | | 不大符合 | 42 | 6.4 | | |
| | | 一般 | 349 | 53.2 | | |
| | | 大部分符合 | 150 | 22.8 | | |
| | | 完全符合 | 87 | 13.3 | | |

续表

| 项目 | | 样本数<br>（个） | 占比<br>（％） | 均值 | 标准差 |
|---|---|---|---|---|---|
| 创业者 | 有过外出/本地打工经历 是 | 390 | 77.7 | 0.78 | 0.36 |
| | 有过外出/本地打工经历 否 | 112 | 22.3 | | |
| | 在现今的创业之前是否有过其他的创业经历 是 | 234 | 46.6 | 0.47 | 0.50 |
| | 在现今的创业之前是否有过其他的创业经历 否 | 268 | 53.4 | | |
| | 拥有管理的工作经历 是 | 347 | 69.1 | 0.69 | 0.46 |
| | 拥有管理的工作经历 否 | 155 | 30.9 | | |
| | 拥有企事业单位的工作经历 是 | 279 | 55.6 | 0.56 | 0.50 |
| | 拥有企事业单位的工作经历 否 | 223 | 44.4 | | |
| | 拥有民营企业工作的经历 是 | 271 | 54.0 | 0.54 | 0.50 |
| | 拥有民营企业工作的经历 否 | 231 | 46.0 | | |
| | 工作经历比较丰富（数量多或者跨行业） 完全不符合 | 11 | 2.2 | 3.37 | 1.18 |
| | 工作经历比较丰富（数量多或者跨行业） 不大符合 | 29 | 5.8 | | |
| | 工作经历比较丰富（数量多或者跨行业） 一般 | 250 | 49.8 | | |
| | 工作经历比较丰富（数量多或者跨行业） 大部分符合 | 131 | 26.1 | | |
| | 工作经历比较丰富（数量多或者跨行业） 完全符合 | 81 | 16.1 | | |

注：表格中"是和否"分别赋值为 1 和 0；表格中"完全不符合、不大符合、一般、大部分符合、完全符合"分别赋值为 1、2、3、4、5。

资料来源：根据调研数据整理。

（5）健康状况。对于新生代移民总样本和创业者的身体健康状况调查结果显示，两者之间差异微小，均值都大于 3.4。这说明新生代移民者的总体健康状况良好，新生代创业者比较注重保持健康的体魄，愿意在营养及医疗保健上投资且平时也注意劳逸结合和休闲娱乐。唯独在心理健康的评价上极少有调研者选择完全符合，说明为应对未来复杂多变的创业风险，提高心理健康水平工作还需要进一步加强。具体情况如表 4.9 所示。

表4.9　　　　　　　　　总样本和创业者的健康状况情况

| 项目 | | 类别 | 样本数（个） | 均值 | 标准差 |
|---|---|---|---|---|---|
| 总样本 | 认为自己的身体素质比较好 | 完全不符合 | 11 | 3.58 | 0.86 |
| | | 不大符合 | 14 | | |
| | | 一般 | 327 | | |
| | | 大部分符合 | 191 | | |
| | | 完全符合 | 113 | | |
| | 在过去一年内生病次数极少 | 完全不符合 | 16 | 3.63 | 1.04 |
| | | 不大符合 | 53 | | |
| | | 一般 | 270 | | |
| | | 大部分符合 | 137 | | |
| | | 完全符合 | 180 | | |
| | 在过去一年内没有因为身体不适去过医院 | 完全不符合 | 57 | 3.51 | 1.21 |
| | | 不大符合 | 43 | | |
| | | 一般 | 251 | | |
| | | 大部分符合 | 122 | | |
| | | 完全符合 | 184 | | |
| | 在生活中，您的情绪控制能力较强 | 完全不符合 | 22 | 3.43 | 0.90 |
| | | 不大符合 | 25 | | |
| | | 一般 | 351 | | |
| | | 大部分符合 | 162 | | |
| | | 完全符合 | 96 | | |
| | 在生活中，您的抗挫能力较强，能够正视现实 | 完全不符合 | 9 | 3.53 | 0.87 |
| | | 不大符合 | 26 | | |
| | | 一般 | 341 | | |
| | | 大部分符合 | 166 | | |
| | | 完全符合 | 114 | | |
| | 在生活中，您没有社交障碍，善于与人相处 | 完全不符合 | 17 | 3.67 | 0.98 |
| | | 不大符合 | 18 | | |
| | | 一般 | 299 | | |
| | | 大部分符合 | 151 | | |
| | | 完全符合 | 171 | | |

续表

| 项目 | | 类别 | 样本数（个） | 均值 | 标准差 |
|---|---|---|---|---|---|
| 创业者 | 认为自己的身体素质比较好 | 完全不符合 | 2 | 3.68 | 0.80 |
| | | 不大符合 | 8 | | |
| | | 一般 | 230 | | |
| | | 大部分符合 | 169 | | |
| | | 完全符合 | 93 | | |
| | 在过去一年内生病次数极少 | 完全不符合 | 9 | 3.66 | 1.02 |
| | | 不大符合 | 40 | | |
| | | 一般 | 200 | | |
| | | 大部分符合 | 115 | | |
| | | 完全符合 | 138 | | |
| | 在过去一年内没有因为身体不适去过医院 | 完全不符合 | 37 | 3.57 | 1.20 |
| | | 不大符合 | 36 | | |
| | | 一般 | 184 | | |
| | | 大部分符合 | 93 | | |
| | | 完全符合 | 152 | | |
| | 在生活中，您的情绪控制能力较强 | 完全不符合 | 11 | 3.54 | 0.87 |
| | | 不大符合 | 13 | | |
| | | 一般 | 255 | | |
| | | 大部分符合 | 140 | | |
| | | 完全符合 | 83 | | |
| | 在生活中，您的抗挫能力较强，能够正视现实 | 完全不符合 | 0 | 3.66 | 0.83 |
| | | 不大符合 | 16 | | |
| | | 一般 | 241 | | |
| | | 大部分符合 | 144 | | |
| | | 完全符合 | 101 | | |
| | 在生活中，您没有社交障碍，善于与人相处 | 完全不符合 | 4 | 3.82 | 0.92 |
| | | 不大符合 | 11 | | |
| | | 一般 | 208 | | |
| | | 大部分符合 | 126 | | |
| | | 完全符合 | 153 | | |

　　注：表格中"是和否"分别赋值为 1 和 0；表格中"完全不符合、不大符合、一般、大部分符合、完全符合"分别赋值为 1、2、3、4、5。
　　资料来源：根据调研数据整理。

（6）创业和未创业新生代移民与不同维度人力资本的独立样本 T 检验。使用 SPSS25.0 软件对新生代创业新生代移民和未创业新生代移民的教育、培训内容、培训强度、打工经历、工作经历、管理经历、工作经历丰富程度、心理健康和身体健康进行了独立样本 T 检验。

第一，教育。检验结果如表 4.10 所示，F 值为 5.488，F 统计量的显著性水平为 0.019，已创业和未创业新生代移民受教育年限的总体方差水平存在显著差异；T 值为 −2.823，T 统计量的显著性水平为 0.005，表明创业与未创业新生代移民的受教育年限总体均值存在显著性差异，创业新生代移民受教育年限大于未创业新生代移民；在差分 95% 置信区间的置信区间不跨 0，从另一个角度证实了上述分析结论。

第二，培训。检验结果如表 4.10 所示，从培训内容和培训强度来看，F 值为 95.729 和 0.486，其显著性水平为 0.000 和 0.486，创业和未创业新生代移民人力资本总体方差存在显著差异；T 值为 −13.665 和 −16.782，T 统计量的显著性水平为 0.000 和 0.035，表明创业新生代移民与未创业新生代移民的培训情况总体均值存在显著性差异，创业新生代移民的培训效果优于未创业新生代移民；在差分 95% 置信区间的置信区间不跨 0，从另一个角度证实了上述分析结论。

第三，工作经历。检验结果如表 4.10 所示，从区域人力资本来看，F 值为 16.688、154.510、2.104、14.411，显著性水平为 0.000、0.000、0.147、0.000，创业新生代移民和未创业新生代移民工作经历总体方差存在显著差异；T 值为 2.119、5.303、9.873 和 −7.091，显著性水平为 0.035、0.000、0.000 和 0.000，表明创业新生代移民与未创业新生代移民的工作经历总体均值存在显著性差异，创业新生代移民打工经历、先前创业经历、管理经历和工作经历丰富程度均高于未创业新生代移民；在差分 95% 置信区间的置信区间不跨 0，从另一个角度证实了上述分析结论。

第四，健康状况。检验结果如表 4.10 所示，从心理健康和身体健康来看，F 值为 0.924 和 3.696，显著性水平为 0.337 和 0.055，创业新生代移民和未创业新生代移民健康状况的总体方差存在显著差异；T 值为 −3.266 和

－7.179，T 统计量的显著性水平均为 0.000，表明创业新生代移民与未创业新生代移民的身体健康状况总体均值存在显著性差异，创业新生代移民身体健康状况优于未创业新生代移民；在差分 95% 置信区间的置信区间不跨 0，从另一个角度证实了上述分析结论。具体检验如表 4.10 所示。

表 4.10　创业和未创业新生代移民与不同维度人力资本的独立样本 T 检验

| 项目 | | 方差方程的 Levene 检验 | | 平均值等同性 T 检验 | | | | | | |
|---|---|---|---|---|---|---|---|---|---|---|
| | | F | sig | t | df | sig（双侧） | 均值差分 | 标准误值 | 差分95%置信区间 | |
| | | | | | | | | | 下限 | 上限 |
| 教育 | 假定等方差 | 5.488 | 0.019 | －2.930 | 654.000 | 0.004 | －0.607 | 0.207 | －1.014 | －0.200 |
| | 不假定等方差 | | | －2.823 | 240.265 | 0.005 | －0.607 | 0.215 | －1.031 | －0.184 |
| 培训内容 | 假定等方差 | 95.729 | 0.000 | －10.100 | 654.000 | 0.000 | －0.205 | 0.020 | －0.245 | －0.165 |
| | 不假定等方差 | | | －13.665 | 484.484 | 0.000 | －0.205 | 0.015 | －0.235 | －0.176 |
| 培训强度 | 假定等方差 | 0.486 | 0.486 | －16.387 | 654.000 | 0.000 | －1.016 | 0.062 | －1.137 | －0.894 |
| | 不假定等方差 | | | －16.782 | 263.837 | 0.000 | －1.016 | 0.061 | －1.135 | －0.896 |
| 打工经历 | 假定等方差 | 16.688 | 0.000 | 2.244 | 654.000 | 0.025 | 0.089 | 0.039 | 0.011 | 0.166 |
| | 不假定等方差 | | | 2.119 | 233.473 | 0.035 | 0.089 | 0.042 | 0.006 | 0.171 |
| 创业经历 | 假定等方差 | 154.510 | 0.000 | 4.915 | 654.000 | 0.000 | 0.219 | 0.045 | 0.132 | 0.307 |
| | 不假定等方差 | | | 5.303 | 288.944 | 0.000 | 0.219 | 0.041 | 0.138 | 0.301 |
| 管理经历 | 假定等方差 | 2.104 | 0.147 | 9.732 | 654.000 | 0.000 | 0.412 | 0.042 | 0.329 | 0.495 |
| | 不假定等方差 | | | 9.873 | 259.826 | 0.000 | 0.412 | 0.042 | 0.330 | 0.494 |
| 工作经历丰富程度 | 假定等方差 | 14.411 | 0.000 | －7.042 | 654.000 | 0.000 | －0.586 | 0.083 | －0.749 | －0.423 |
| | 不假定等方差 | | | －7.091 | 256.790 | 0.000 | －0.586 | 0.083 | －0.749 | －0.423 |
| 身体健康 | 假定等方差 | 0.924 | 0.337 | －3.493 | 654.000 | 0.000 | －0.282 | 0.081 | －0.441 | －0.124 |
| | 不假定等方差 | | | －3.266 | 230.442 | 0.000 | －0.282 | 0.086 | －0.453 | －0.112 |
| 心理健康 | 假定等方差 | 3.696 | 0.055 | －7.623 | 654.000 | 0.000 | －0.539 | 0.071 | －0.678 | －0.400 |
| | 不假定等方差 | | | －7.179 | 232.704 | 0.000 | －0.539 | 0.075 | －0.687 | －0.391 |

资料来源：根据调研数据整理。

上述检验结果表明新生代移民创业者和新生代移民未创业者在不同维度的人力资本上存在显著差异，印证了新生代移民创业者的人力资本总体水平优于未创业的新生代移民。

## 4.3　三峡库区新生代移民创业现状分析

### 4.3.1　创业决策和创业绩效

依据第 3 章已有的创业总体情况的研究，特别是以全球创业观察（GEM）为代表的创业活跃度的研究成果，本书主要采取创业者比例指标来测度三峡库区新生代移民创业总体发展状况。从内涵上来看，创业者比例指标与 GEM 的各类创业活动指数非常接近。

在使用 SPSS25.0 软件对 502 个创业者的样本进行分析后发现，新生代移民创业决策均值为 0.77，已创业的新生代移民占总样本的 76.5%。新生代移民具有较高发展意识的可能解释体现在，当其遭遇来自安置地现实的或想象的社会排斥时，存在将提升自己的相对经济地位作为排他目标的倾向，从而迫切希望能够改变自身的经济地位，这一意识或者是倾向对其自主创业有强烈的激发作用。

新生代移民创业绩效均值为 3.09[①]。新生代移民在经营管理的过程中都有所获利，但与同行业其他竞争者相比则发展缓慢、与其他同龄创业群体（新生代农民工创业绩效均值为 3.94[②]）相比还处于相对一般的水平。在经营过程中，新生代移民创业更在意合作关系的持久性和长远的经营规划，扩大市场份额与绩效增长率不是创业者最看重的点，所以创业绩效的提升并不理想。具体情况如表 4.11 所示。

---

① 测量创业绩效的七个题项都为五级指标，因此，此数据为合并求均值。
② 马红玉，陈梦妍，夏显力. 社会资本、心理特征与新生代农民工创业绩效［J］. 科研管理，2020，41（11）：193－201.

**表 4.11　　　　　新生代移民的创业决策和创业绩效情况**

| 项目 | | 类别 | 样本数（个） | 均值 | 标准差 |
|---|---|---|---|---|---|
| 创业决策 | 是否已经创业 | 是 | 502 | 0.77 | 0.42 |
| | | 否 | 154 | | |
| 创业绩效 | 您所创事业整体运营情况良好 | 完全不符合 | 81 | 3.18 | 0.96 |
| | | 不大符合 | 17 | | |
| | | 一般 | 379 | | |
| | | 大部分符合 | 128 | | |
| | | 完全符合 | 51 | | |
| | 您所创事业盈利状况很好 | 完全不符合 | 84 | 3.14 | 0.95 |
| | | 不大符合 | 20 | | |
| | | 一般 | 386 | | |
| | | 大部分符合 | 120 | | |
| | | 完全符合 | 46 | | |
| | 您所创事业规模得到扩大 | 完全不符合 | 99 | 2.99 | 0.95 |
| | | 不大符合 | 27 | | |
| | | 一般 | 420 | | |
| | | 大部分符合 | 72 | | |
| | | 完全符合 | 38 | | |
| | 您所创事业市场占有率不断增大 | 完全不符合 | 92 | 3.04 | 0.93 |
| | | 不大符合 | 33 | | |
| | | 一般 | 394 | | |
| | | 大部分符合 | 104 | | |
| | | 完全符合 | 33 | | |
| | 总结或提出的新技术、新方法的应用给所创事业带来经济效益 | 完全不符合 | 85 | 3.09 | 0.93 |
| | | 不大符合 | 32 | | |
| | | 一般 | 412 | | |
| | | 大部分符合 | 78 | | |
| | | 完全符合 | 49 | | |
| | 总结或提出的新技术、新方法被他人肯定 | 完全不符合 | 79 | 3.14 | 0.94 |
| | | 不大符合 | 30 | | |
| | | 一般 | 383 | | |
| | | 大部分符合 | 118 | | |
| | | 完全符合 | 46 | | |

续表

| 项目 | | 类别 | 样本数（个） | 均值 | 标准差 |
|---|---|---|---|---|---|
| 创业绩效 | 总结或提出的新技术、新方法被他人效仿和应用 | 完全不符合 | 86 | 3.06 | 0.92 |
| | | 不大符合 | 27 | | |
| | | 一般 | 403 | | |
| | | 大部分符合 | 107 | | |
| | | 完全符合 | 33 | | |

注：表格中"是和否"分别赋值为1和0；表格中"完全不符合、不大符合、一般、大部分符合、完全符合"分别赋值为1、2、3、4、5。

资料来源：根据调研数据整理。

### 4.3.2　从事行业

根据从事行业来看，第一产业：农林牧渔占4.8%；第二产业：建筑建材、服装纺织和其他共占24.1%；第三产业：零售批发、教育培训、医疗保健、旅游休闲、居民服务、交通运输、餐饮住宿和电商行业共占71.1%。以上数据说明大多数新生代移民创业能很快获得创业所需信息、技术人才和资源。其主要原因是三峡库区新生代移民创业的组织形态主要是个体经营和合伙经营等，其中，个体经营占比达54.4%、小微企业占比达28.3%，他们主要从事苗木种植、建筑建材、餐饮住宿、居民服务、教育培训、餐饮小商店和其他服务业，入门门槛低，规模较小，因此，能很快获得创业的相关资源。

由于新生代移民创业仍然还是囿于传统产业领域，信息技术的门槛要求较低，而人力资源方面则是刚性支出，移民创业主要还是从事劳动密集型项目，因而付出的成本相对较高；库区地方政府鼓励发展新型现代农业，但移民发展成为种植养殖大户的情况还是不多；国家和地方鼓励发展的小微企业数量也不多，这也说明了移民创业升级的进程相对较为缓慢，政府政策引导、政策扶持、资金融通、信息服务等方面需要进一步加强。具体情况如表4.12所示。

表 4.12　　　　　　　新生代移民创业者的从事行业现状

| 项目 | 类别 | 样本数（个） | 占比（%） |
|---|---|---|---|
| 目前从事的行业 | 农林牧渔 | 24 | 4.8 |
| | 服装纺织 | 48 | 24.1 |
| | 建筑建材 | 65 | |
| | 其他 | 8 | |
| | 餐饮住宿 | 63 | 71.1 |
| | 电商行业 | 43 | |
| | 零售批发 | 39 | |
| | 教育培训 | 48 | |
| | 医疗保健 | 39 | |
| | 旅游休闲 | 32 | |
| | 居民服务 | 68 | |
| | 交通运输 | 25 | |

资料来源：根据调研数据整理。

## 4.3.3　组织形式和初始资金来源

根据创业的组织形式来看，合伙经营和个体户为主要的选择形式，共占
82.7%；这一点与从事行业相呼应，新生代移民创业的规模普遍较小、从业
门槛较低。从创业的初始资金来源来看，大部分新生代移民的资金是通过资
产积累、亲友借贷和银行借贷而来的，占比 91.4%。这说明创业资金的来源
还是依赖于自身资本积累和社会网络，政府在资金补贴上的力度不足。具体
情况如表 4.13 所示。

表 4.13　　　新生代移民创业者的创业的组织形式和初始资金来源

| 项目 | 类别 | 样本数（个） | 占比（%） |
|---|---|---|---|
| 创业选择的组织形式 | 合伙经营 | 142 | 28.3 |
| | 个体户 | 273 | 54.4 |
| | 股份合作 | 15 | 2.9 |
| | 独自出资创办 | 52 | 10.4 |
| | 合作社 | 8 | 1.6 |
| | 其他 | 12 | 2.4 |

续表

| 项目 | 类别 | 样本数（个） | 占比（%） |
|---|---|---|---|
| 创业的初始资金来源 | 自有资金 | 211 | 42.0 |
| | 亲戚朋友借款 | 135 | 26.9 |
| | 银行贷款 | 113 | 22.5 |
| | 政府补贴 | 32 | 6.4 |
| | 其他 | 11 | 2.2 |

资料来源：根据调研数据整理。

## 4.4 新生代移民人力资本和创业存在的主要问题

根据新生代移民人力资本情况的调研数据大致分析，对新生代移民人力资本和创业存在的主要问题进行以下归纳。

（1）新生代移民人力资本仍然处于低速增长阶段，水平较低。根据2018年和2020年调研数据的比较，新生代移民人力资本虽然有一定程度的增长，但整体水平不高，且非创业新生代移民的人力资本均值比创业人群更低。其中，新生代移民的受教育程度不足、整体素质偏低；培训内容针对性不强，移民群体主要参加的培训以政府提供的公共培训、就职前培训为主，培训级别较低且培训次数较少；大部分的新生代移民具有外出务工经历，此行为在短时间内会削弱其人力资本在教育方面的积累，但从长期来看，因被动搬迁，传统的关系网络已遭到破坏，打工经历、创业经历和工作经历丰富能帮助新生代移民积累一定的社会资源，构建新型的同乡、同事关系网络，增强新生代移民创业的人力资本；新生代移民群体的健康状况参差不齐，心理健康水平相对偏低，应对未来复杂多变的创业风险能力不足。

（2）新生代移民人力资本层次结构需要进一步提升。对调研数据进行分析认为，新生代移民教育、培训、工作经历和健康状况的均值仍处于偏低的水平，同时，新生代移民人力资本由于搬迁的原因会受到一定程度的削弱。

三峡库区新生代移民后续扶持工作、对口省市支援工作都于 2020 年收尾，国家脱贫攻坚任务和主要工作也在 2020 年基本完成，政策扶持力度到 2020 年达到了相对较高的水平，此后逐渐回落。

（3）新生代移民创业者和新生代移民未创业者在不同维度的人力资本上均存在显著差异，新生代移民创业者的人力资本总体水平优于未创业者新生代移民。

（4）不同个体、家庭特征及搬迁年限的新生代移民人力资本存在显著差异。移民是否创业，打工经历、年龄、文化程度的差异，使其人力资本均存在显著差异。

# 4.5　本章小结

本章参考国内外研究成果，结合三峡库区新生代移民及其创业的实际情况，对新生代移民人力资本四个维度（教育、培训、工作经历和健康状况）、创业决策、创业绩效进行了深入分析，科学地设计了测量指标和题项，实施了有针对性的问卷调查，获取 656 个有效样本（其中，创业样本量占 76.5%），开展了数据的采集与整理工作。在此基础上，对三峡库区新生代移民基本情况、人力资本现状、创业情况进行了独立样本 T 检验和描述性分析，同时结合 2018 年和 2020 年的调研数据，归纳出目前新生代移民人力资本和创业存在的主要问题。

三峡库区新生代移民人力资本的层次结构需要进一步提升且增速偏低，但是相对于非创业者，人力资本总体水平更高。其中，新生代移民的受教育程度不足、整体素质偏低；培训内容针对性不强，移民群体主要参加的培训以政府提供的公共培训、就职前培训为主，培训级别较低且培训次数较少；大部分的新生代移民具有外出务工经历，此行为在短时间内会削弱其人力资本在教育方面的积累，但从长期来看，因被动搬迁，传统的关系网络已遭到破坏，打工经历、创业经历和工作经历丰富能帮助新生代移民积累一定的社会资源，构建新型的同乡、同事关系网络，增强新生代移民创业的人力资本；新生代移民群体的健康状况参差不齐，心理健康水平相对偏低，应对未来复杂多变的创业风险能力不足。

已创业的新生代移民占总样本的 76.5%，新生代移民具有较高发展意识的可能解释体现为，当其遭遇来自安置地现实的或想象的社会排斥时，存在将提升自己的相对经济地位作为排他目标的倾向，从而迫切希望改变自身的经济地位，这一意识或倾向对其自主创业有强烈的激发作用；虽然新生代移民在经营管理的过程中都有所获利，但与同行业其他竞争者相比则发展缓慢、与其他同龄创业群体（新生代农民工）相比还处于相对一般的水平。在经营过程中，新生代移民创业更在意合作关系的持久性和长远的经营规划，扩大市场份额与绩效增长率不是其最看重的点。新生代移民的创业形式以个体创业和合伙经营为主，规模偏小，对就业带动作用小。

# 人力资本对三峡库区新生代移民创业决策影响的实证研究

本章将在实证分析人力资本四个维度对创业决策影响的同时，验证创业机会识别、社会网络、义务教育阶段学校的硬件条件、义务教育阶段学校的软件能力、父辈教育观念、制度环境、社区环境的影响效应。

## 5.1　模型设定

本章通过设定模型（1）~模型（3）来验证人力资本的四个维度（教育、培训、工作经历、健康状况）与新生代移民创业决策的相关关系①，以及从父辈教育观念、义务教育阶段的学校硬件条件、义务教育阶段的学校软件能力、制度环境和社区环境的角度分析人力资本影响创业决策的异质性，同时检验了人力资本通过创业机会识别、社会网络影响创业决策的机制。

由于不同变量的模型相似，所以用基准模型作为范例展示如下：

$$y_1 = \alpha_0 + \beta_1 X_i + \beta_2 Z_i + \mu_i \qquad (5-1)$$

---

① 本书刻画的人力资本四个维度的指标先于创业决策和创业绩效，不存在严重的反向因果关系。因此，回归模型不存在严重的内生性问题。由于检验人力资本四个维度的指标较多，同时放入模型会存在多重共线性。

其中，$\alpha_0$ 为常数，i 为样本个体，$X_i$ 表示控制变量，$y_1$ 表示创业决策，$Z_i$ 表示解释变量，$\beta_1$、$\beta_2$ 表示模型参数，$\mu_i$ 表示随机误差项。详情如表 4.2 所示。

$$y_1 = \alpha_0 + \beta_1 X_i + \beta_2 Z_i + \beta_3 K_i + \beta_4 Z_i \times K_i + \mu_i \qquad (5-2)$$

其中，$\alpha_0$ 为常数，i 为样本个体，$X_i$ 表示控制变量，$y_1$ 表示创业决策，$Z_i$ 表示解释变量，$K_i$ 表示调节变量，$Z_i \times K_i$ 表示解释变量与调节变量的交互项，$\beta_1$、$\beta_2$、$\beta_3$、$\beta_4$ 表示模型参数，$\mu_i$ 表示随机误差项。详情如表 4.2 所示。

$$T_i = \alpha_0 + \beta_1 X_i + \beta_2 Z_i + \mu_i$$
$$y_1 = \alpha_0 + \beta_1 X_i + \beta_2 T_i + \mu_i$$
$$y_1 = \alpha_0 + \beta_1 X_i + \beta_2 Z_i + \beta_3 T_i + \mu_i \qquad (5-3)$$

其中，$\alpha_0$ 为常数，i 为样本个体，$X_i$ 表示控制变量，$y_1$ 表示创业决策，$Z_i$ 表示解释变量，$T_i$ 表示中介变量，$\beta_1$、$\beta_2$、$\beta_3$ 表示模型参数，$\mu_i$ 表示为随机误差项。详情如表 4.2 所示。

## 5.2　回归分析

本节将依次从主效应、异质性和机制检验三个方面来探讨第 3 章所提出的研究假设，具体以创业决策为被解释变量，受教育年限、创业培训、培训强度、打工经历、创业经历、管理经历、工作经历丰富程度、身体健康和心理健康状况作为解释变量，采用 Probit 定量分析工具和 Stata15 计量软件得到估计结果。

### 5.2.1　人力资本对新生代移民创业决策影响的主效应检验

（1）教育对新生代移民创业决策的影响。本部分将侧重分析教育对创业决策的影响，具体以创业决策（$y_1$）为被解释变量，教育年限（edu）为核心解释变量，年龄（age）、性别（gender）、婚姻状况（ms）、搬迁年限

（time）、行业（business）和家庭年收入（capital）为控制变量。在全样本条件下，表 5.1 中 $M_1$ 显示，教育与创业决策呈显著正相关（$\beta_{edu} = 0.069$，$p < 0.01$），这说明创业者受教育年限越高，越有利于作出创业决策。

**表 5.1　　　　　　　　　教育对新生代移民创业决策的影响**

| 变量类型 | 变量 | $M_1$ |
|---|---|---|
| 控制变量 | age | 0.017<br>(0.011) |
| | gender | -0.139<br>(0.113) |
| | ms | -0.013<br>(0.119) |
| | time | 0.064<br>(0.046) |
| | business | -0.280 **<br>(0.130) |
| | capital | 0.028<br>(0.050) |
| 解释变量 | edu | 0.069 ***<br>(0.024) |
| | Cons | -0.820<br>(0.568) |
| Pseudo $R^2$ | | 0.0265 |
| F | | 10.206 *** |
| N | | 656 |

注：** 表示 $p < 0.05$；*** 表示 $p < 0.01$；括号内为 z 值。

（2）培训对新生代移民创业决策的影响。本部分的分析具体是以创业决策（$y_1$）为被解释变量，培训内容（tc）和培训强度（it）为核心解释变量。在全样本条件下，表 5.2 中 $M_1$ 和 $M_2$ 显示，培训内容、培训强度与创业决策呈正相关（$\beta_{tc} = 0.506$，$p < 0.01$；$\beta_{it} = 0.253$，$p < 0.1$），均通过显著性检验。这说明创业者参加与创业相关培训的内容有利于激发新生代移民创业决策，且增加创业者参与培训次数、提升培训与创业关联度、提高培训延续性等都有利于创业者作出创业决策。

表 5.2                                培训对新生代移民创业决策的影响

| 变量类型 | 变量 | $M_1$ | $M_2$ |
|---|---|---|---|
| 控制变量 | age | 0.009<br>(0.596) | 0.005<br>(0.322) |
| | gender | −0.208<br>(−1.315) | −0.204<br>(−1.298) |
| | ms | −0.074<br>(−0.431) | −0.109<br>(−0.639) |
| | time | 0.093<br>(1.517) | 0.089<br>(1.443) |
| | business | 0.006<br>(0.039) | −0.028<br>(−0.172) |
| | capital | 0.021<br>(0.302) | 0.008<br>(0.111) |
| 解释变量 | tc | 0.506 ***<br>(3.161) | |
| | it | | 0.253 *<br>(1.909) |
| | Cons | 0.572<br>(1.037) | 0.380<br>(0.626) |
| Pseudo $R^2$ | | 0.0449 | 0.0282 |
| F | | 4.206 *** | 11.650 *** |
| N | | 553 | 553 |

注：* 表示 $p < 0.10$；*** 表示 $p < 0.01$；括号内为 z 值。

（3）工作经历对新生代移民创业决策的影响。本分析具体是以创业决策（$y_1$）为被解释变量，打工经历（we）、创业经历（ee）、管理经历（we）和工作经历丰富程度（rwe）为核心解释变量。在全样本条件下，表 5.3 中 $M_1 \sim M_4$ 显示，打工经历、创业经历、管理经历、工作丰富程度与创业决策均呈正相关（$\beta_{we} = 0.858$、$\beta_{ee} = 0.550$、$\beta_{me} = 1.028$、$\beta_{rwe} = 0.256$），且通过显著性检验（$p < 0.01$）。这说明新生代移民创业者的过往打工经历和管理经历能积累创业经验、人脉及其他有助于创业活动的经历，创业经历和丰富的工作经历也都能激发其创业决策行为。

**表 5.3**　　　　　　　　　　工作经历对新生代移民创业决策影响

| 变量类型 | 变量 | $M_1$ | $M_2$ | $M_3$ | $M_4$ |
|---|---|---|---|---|---|
| 控制变量 | age | 0.013<br>(1.174) | 0.008<br>(0.762) | 0.005<br>(0.476) | 0.006<br>(0.557) |
| | gender | −0.236**<br>(−2.004) | −0.190*<br>(−1.682) | −0.216*<br>(−1.805) | −0.196*<br>(−1.704) |
| | ms | 0.038<br>(0.298) | −0.044<br>(−0.359) | −0.044<br>(−0.341) | −0.049<br>(−0.392) |
| | time | 0.088*<br>(1.879) | 0.072<br>(1.569) | 0.068<br>(1.452) | 0.059<br>(1.269) |
| | business | −0.323**<br>(−2.435) | −0.226*<br>(−1.709) | −0.210<br>(−1.507) | −0.288**<br>(−2.154) |
| | capital | 0.028<br>(0.547) | 0.033<br>(0.659) | −0.027<br>(−0.485) | 0.067<br>(1.354) |
| 解释变量 | we | 0.858***<br>(6.763) | | | |
| | ee | | 0.550***<br>(4.696) | | |
| | me | | | 1.028***<br>(8.741) | |
| | rwe | | | | 0.256***<br>(5.840) |
| | Cons | −0.400<br>(−0.933) | 0.187<br>(0.467) | 0.148<br>(0.359) | −0.313<br>(−0.745) |
| Pseudo $R^2$ | | 0.0792 | 0.0465 | 0.127 | 0.0601 |
| F | | 6.206*** | 8.650*** | 5.480*** | 8.44*** |
| N | | 656 | 656 | 656 | 656 |

注：* 表示 $p < 0.10$；** 表示 $p < 0.05$；*** 表示 $p < 0.01$；括号内为 z 值。

（4）健康对新生代移民创业决策的影响。本部分将侧重分析健康对创业决策的影响，具体以创业决策（$y_1$）为被解释变量，身体健康（ph）和心理健康状况（mh）为核心解释变量。在全样本条件下，表 5.4 中主效应检验（$M_1$ 和 $M_2$）显示，身体健康和心理健康与创业决策均呈显著的正相关（$\beta_{ph} = 0.206$，$p < 0.01$；$\beta mh = 0.541$，$p < 0.01$），且通过显著性检验，这说明新生代移民创业者良好的身体与心理健康状况对创业决策有明显的帮助。

**表 5.4**                           **健康状况对新生代移民创业决策的影响**

| 类型 | 变量 | $M_1$ | $M_2$ |
|---|---|---|---|
| 控制变量 | age | 0.010<br>(0.923) | 0.009<br>(0.855) |
| | gender | −0.149<br>(−1.318) | −0.171<br>(−1.471) |
| | ms | −0.015<br>(−0.123) | 0.022<br>(0.174) |
| | time | 0.066<br>(1.449) | 0.058<br>(1.246) |
| | business | −0.308 **<br>(−2.371) | −0.320 **<br>(−2.388) |
| | capital | 0.055<br>(1.122) | 0.050<br>(0.990) |
| 解释变量 | ph | 0.206 ***<br>(3.204) | |
| | mh | | 0.541 ***<br>(6.607) |
| | Cons | −0.411<br>(−0.857) | −1.479 ***<br>(−2.966) |
| Pseudo $R^2$ | | 0.0314 | 0.0922 |
| F | | 4.731 *** | 6.410 *** |
| N | | 656 | 656 |

注：** 表示 $p < 0.05$；*** 表示 $p < 0.01$；括号内为 z 值。

以上分析表明，人力资本对新生代移民的创业决策有显著的正向影响，印证了第 3 章从人力资本的四个维度提出的研究假设，其中，受教育年限越长，越有利于新生代移民的创业决策；开展创业相关内容的培训并提升培训强度能有效增加新生代移民对创业过程的深刻认识，进而能有效促进其作出相应的创业行为决策；有外出打工的经历、有创业经历、有管理经历和丰富的工作经历都能对新生代移民的创业决策有显著的正向影响；新生代移民创业者保持良好身体和心理健康对创业决策有明显的帮助。

## 5.2.2　人力资本对新生代移民创业决策影响的异质性分析

（1）基于义务教育阶段的学校硬件条件与软件能力、父辈教育观念的视角。义务教育阶段的学校的硬件条件越完善、软件能力越强，对学生学习习惯培养、学习兴趣培养就越重要。另外，父辈的教育观会直接影响子女的教育质量的高低、父辈的价值观会潜移默化地在新生代中埋下事业发展的种子，从而对未来创业意愿、创业决策产生不可忽视的间接影响作用（朱根红，2014；Lindquist，2015）。因此，本小节设置了学校硬件条件与软件能力、父辈教育观念作为教育影响新生代移民创业决策的异质性。

表 5.5 中 $M_1 \sim M_3$ 分别是在主效应检验基础上加入义务教育阶段学校的硬件条件（$mjy_1\_6$）、义务教育阶段学校的软件能力（$mjy\_ywr$）、父母教育投资观念（$mfb_2$）、教育与义务教育阶段学校的硬件条件的交互项（$edu \times mjy_1\_6$）、教育与义务教育阶段学校软件能力的交互项（$edu \times mjy\_ywr$）、教育与父辈教育观念的交互项（$edu \times mfb_2$）。$M_1$ 显示，学校基础设施条件与教育的交互项（$edu \times mjy_1\_6$）对创业决策有显著正向影响（$\beta = 0.070$，$p < 0.01$）；$M_2$ 显示，教育与义务教育阶段学校软件能力的交互项（$edu \times mjy\_ywr$）对创业决策呈正向显著影响（$\beta = 0.171$，$p < 0.01$）；$M_3$ 显示，教育与父辈教育观念的交互项（$edu \times mfb_2$）对创业决策呈正向显著影响（$\beta = 0.156$，$p < 0.01$）。

表 5.5　　　　　基于不同义务教育阶段学校硬件条件、软件能力
和父辈教育观念下教育对创业决策的影响

| 变量类型 | 变量 | $M_1$ | $M_2$ | $M_3$ |
| --- | --- | --- | --- | --- |
| 控制变量 | | 控制 | 控制 | 控制 |
| 解释变量 | edu | 0.072 *** <br> (2.853) | 0.086 *** <br> (3.308) | 0.118 *** <br> (3.829) |

续表

| 变量类型 | 变量 | $M_1$ | $M_2$ | $M_3$ |
|---|---|---|---|---|
| 调节变量 | $mjy_1\_6$ | 0.321 *** <br> (5.781) | | |
| | $mjy\_ywr$ | | 0.356 *** <br> (3.927) | |
| | $mfb_2$ | | | −0.035 <br> (−0.482) |
| 交互项 | $edu \times mjy_1\_6$ | 0.070 *** <br> (2.808) | | |
| | $edu \times mjy\_ywr$ | | 0.171 *** <br> (4.147) | |
| | $edu \times mfb_2$ | | | 0.156 *** <br> (3.938) |
| | Cons | −2.052 *** <br> (−3.346) | −2.223 *** <br> (−3.325) | −1.527 ** <br> (−2.479) |
| Pseudo $R^2$ | | 0.0845 | 0.0911 | 0.0538 |
| F | | 5.650 *** | 3.480 *** | 9.440 *** |
| N | | 656 | 656 | 656 |

注：** 表示 $p < 0.05$；*** 表示 $p < 0.01$；括号内为 z 值。

（2）基于制度环境与社区环境的视角。新生代移民群体总体的素养偏低，亲缘地缘网络是其获取资源并发现机会的主要途径，在具有完善的制度环境和良好社区环境的地区，资源获取的成本较低，能推动良好创业文化氛围的形成，人力资本对创业决策的作用更大（戚湧等，2017；高静和夏忠慧，2012）。所以，表5.6~表5.8分别从制度环境和社区环境来检验培训、工作经历和健康状况对创业决策的异质性。

**表5.6　　基于不同制度环境和社区环境下培训对创业决策的影响**

| 变量类型 | 变量 | $M_1$ | $M_2$ | $M_3$ | $M_4$ |
|---|---|---|---|---|---|
| 控制变量 | | 控制 | 控制 | 控制 | 控制 |
| 解释变量 | tc | 0.497 *** <br> (3.079) | 0.555 *** <br> (3.225) | | |
| | it | | | 0.235 * <br> (1.758) | 0.358 ** <br> (2.236) |

续表

| 变量类型 | 变量 | $M_1$ | $M_2$ | $M_3$ | $M_4$ |
|---|---|---|---|---|---|
| 调节变量 | mzd | 0.169<br>(1.586) | | 0.136<br>(1.372) | |
| | msq | | 0.023<br>(0.208) | | −0.011<br>(−0.101) |
| 交互项 | tc × mzd | −0.127<br>(−0.588) | | | |
| | tc × msq | | −0.468**<br>(−2.017) | | |
| | it × mzd | | | −0.061<br>(−0.349) | |
| | it × msq | | | | −0.203<br>(−1.172) |
| | Cons | −0.036<br>(−0.054) | 0.466<br>(0.678) | −0.065<br>(−0.101) | 0.267<br>(0.411) |
| Pseudo $R^2$ | | 0.0554 | 0.0614 | 0.0345 | 0.0343 |
| F | | 5.480*** | 8.44*** | 3.071*** | 8.802*** |
| N | | 553 | 553 | 553 | 553 |

注：* 表示 $p < 0.10$；** 表示 $p < 0.05$；*** 表示 $p < 0.01$；括号内为 z 值。

表 5.7　基于不同制度环境和社区环境下工作经历对创业决策的影响

| 类型 | 变量 | $M_1$ | $M_2$ | $M_3$ | $M_4$ | $M_5$ | $M_6$ | $M_7$ | $M_8$ |
|---|---|---|---|---|---|---|---|---|---|
| 控制变量 | | 控制 | 控制 | 控制 | 控制 | 控制 | 控制 | 控制 | 控制 |
| 解释变量 | we | 0.918***<br>(7.089) | | | | 0.892***<br>(6.942) | | | |
| | ee | | 0.580***<br>(4.749) | | | | 0.640***<br>(5.035) | | |
| | me | | | 1.001***<br>(8.323) | | | | 0.999***<br>(8.442) | |
| | rwe | | | | 0.258***<br>(5.268) | | | | 0.270***<br>(5.765) |

续表

| 类型 | 变量 | $M_1$ | $M_2$ | $M_3$ | $M_4$ | $M_5$ | $M_6$ | $M_7$ | $M_8$ |
|---|---|---|---|---|---|---|---|---|---|
| 调节变量 | mzd | 0.365 *** (5.166) | 0.335 *** (4.911) | 0.291 *** (3.977) | 0.292 *** (4.188) | | | | |
| | msq | | | | | 0.260 *** (3.557) | 0.270 *** (3.727) | 0.148 * (1.912) | 0.200 *** (2.792) |
| 交互项 | we × mzd | 0.230 (1.454) | | | | | | | |
| | ee × mzd | | 0.142 (0.988) | | | | | | |
| | me × mzd | | | 0.008 (0.057) | | | | | |
| | rwe × mzd | | | | 0.109 ** (2.310) | | | | |
| | we × msq | | | | | 0.165 (1.044) | | | |
| | ee × msq | | | | | | 0.215 (1.395) | | |
| | me × msq | | | | | | | −0.081 (−0.553) | |
| | rwe × msq | | | | | | | | 0.122 ** (2.360) |
| | Cons | −1.718 *** (−3.378) | −0.972 ** (−2.032) | −0.852 * (−1.742) | −1.384 *** (−2.816) | −1.305 *** (−2.624) | −0.707 (−1.477) | −0.337 (−0.681) | −1.112 ** (−2.259) |
| Pseudo $R^2$ | | 0.122 | 0.0824 | 0.152 | 0.0891 | 0.0996 | 0.0697 | 0.135 | 0.0770 |
| F | | 4.731 *** | 6.410 *** | 6.770 *** | 13.932 *** | 6.206 *** | 8.650 *** | 5.480 *** | 8.44 *** |
| N | | 656 | 656 | 656 | 656 | 656 | 656 | 656 | 656 |

注：* 表示 $p<0.10$；** 表示 $p<0.05$；*** 表示 $p<0.01$；括号内为 z 值。

表5.8 基于不同制度环境和社区环境下健康状况对创业决策的影响

| 类型 | 变量 | $M_1$ | $M_2$ | $M_3$ | $M_4$ |
|---|---|---|---|---|---|
| 控制变量 | | 控制 | 控制 | 控制 | 控制 |
| 解释变量 | ph | 0.110 (1.569) | | 0.157 ** (2.272) | |
| | mh | | 0.468 *** (5.193) | | 0.530 *** (5.790) |

续表

| 类型 | 变量 | $M_1$ | $M_2$ | $M_3$ | $M_4$ |
|---|---|---|---|---|---|
| 调节变量 | mzd | 0.273 *** (3.682) | 0.137 * (1.682) | | |
| | msq | | | 0.153 ** (2.027) | 0.020 (0.231) |
| 交互项 | ph × mzd | −0.074 (−1.137) | | | |
| | mh × mzd | | −0.080 (−1.124) | | |
| | ph × msq | | | −0.056 (−0.769) | |
| | mh × msq | | | | −0.104 (−1.364) |
| | Cons | −0.996 * (−1.957) | −1.663 *** (−3.106) | −0.741 (−1.469) | −1.452 *** (−2.750) |
| Pseudo $R^2$ | | 0.0564 | 0.0995 | 0.0397 | 0.0952 |
| F | | 6.770 *** | 13.932 *** | 6.206 *** | 8.650 *** |
| N | | 656 | 656 | 656 | 656 |

注：* 表示 $p<0.10$；** 表示 $p<0.05$；*** 表示 $p<0.01$；括号内为 z 值。

表 5.6 中 $M_1 \sim M_4$ 分别是在主效应检验基础上加入制度环境和社区环境因素与培训内容和培训强度的交互项。$M_1$ 显示，培训内容与制度环境的交互项（tc × mzd）对创业决策没有显著影响（β = −0.127，$p>0.1$）；$M_2$ 显示，培训内容与社区环境的交互项（tc × msq）对创业决策呈显著负向影响（β = −0.468，$p<0.05$）；$M_3$ 显示，培训强度与制度环境的交互项（it × mzd）对创业决策没有显著影响（β = −0.061，$p>0.1$）；$M_4$ 显示，培训强度与社区环境的交互项（it × msq）对创业决策没有显著影响（β = −0.203，$p>0.1$）。

表 5.7 中 $M_1 \sim M_8$ 分别是在主效应检验基础上加入制度环境（mzd）和社区环境（msq）与四个解释变量的交互项。$M_4$ 显示，工作经历丰富程度与制度环境的交互项（rwe × mzd）对创业决策呈显著正向影响（β = 0.109，$p<0.05$）；$M_8$ 显示，工作经历丰富程度与社区环境的交互项（rwe × msq）

对创业决策呈显著正向影响（$\beta = 0.122$，$p < 0.05$）；其他解释变量与制度环境和社区环境的交互项均不显著（$p > 0.1$）。

表 5.8 中 $M_1 \sim M_4$ 分别是在主效应检验基础上加入制度环境（mzd）和社区环境（msq）与身体健康和心理健康状况的交互项。$M_1$ 显示，身体健康状况与制度环境的交互项（ph×mzd）对创业决策影响不显著性（$\beta = -0.074$，$p > 0.1$）；$M_2$ 显示，心理健康状况与制度环境的交互项（ph×mzd）对创业决策没有显著影响（$\beta = -0.080$，$p > 0.1$）；$M_3$ 显示，身体健康与社区环境的交互项（ph×msq）对创业决策未能通过显著性检验（$\beta = -0.056$，$p > 0.1$）；$M_4$ 显示，心理健康与社区环境的交互项（ph×msq）对创业决策未能通过显著性检验（$\beta = -0.104$，$p > 0.1$）。

以上分析表明，改善义务教育阶段学校的硬件条件、学校的软件能力及父辈教育观念会强化教育年限对创业决策的正向影响。

良好的社区环境会减弱培训内容对创业决策的正向影响，但不会减弱培训强度对创业决策的正向影响；良好的制度环境没有减弱培训内容和培训强度对创业决策的正向影响；良好的制度环境和社区环境对打工经历、创业经历、管理经历与创业决策没有显著影响，但会加强工作丰富程度对创业决策的正向影响；良好的制度环境和社区环境对身体健康和心理健康与创业决策没有显著影响。

## 5.2.3　人力资本对新生代移民创业决策影响的机制检验

（1）创业机会识别机制。关于创业机会识别机制的作用，它既会受到人力资本的显著正向影响，还能明显提升创业者的创业意愿。三峡库区新生代移民人力资本水平的不断提高，必然从整体上促进其创业机会识别能力的提升，进而正向影响创业者决策意愿和决策水平，创业机会识别的中介作用也必然得到显现（高龙政，2018）。基于此，本小节讨论创业机会识别作为人力资本对新生代移民创业决策的机制作用。

①教育。有研究表明，创业者的个人特质、社会网络和先前知识是创业

者识别商业机会的前身，而成功的创业机会识别有三个阶段：识别、开发、评估，本章基于杜宾理论提出了创业者的创业机会识别过程（Ardichvili et al.，2003）。在创业决策过程中，创业者的认知和自身学习能力是创业机会识别能力的主要影响因素（项国鹏，2018；许昆鹏和杨蕊，2013）。如果创业机会中存有很大的盈利空间，则会对决策者产生巨大的驱动力（Conference B，2001）。因此，本书借鉴 Sobel 中介因子检验方法（Baron & Kenny，1986），设置不含中介因子检验路径（1）、中介因子检验路径（2）、含中介因子检验路径（3）来印证创业机会识别在教育（edu）对新生代移民创业决策的影响中起到的中介效应。回归结果如表 5.9 所示。

表 5.9　　　　　　　教育影响新生代移民创业决策的路径

| 变量 | 创业机会识别路径 | | |
| --- | --- | --- | --- |
| | 不含中介因子 | 中介因子检验 | 含中介因子 |
| | $y_1$ | $zjh_2$ | $y_1$ |
| | （1） | （2） | （3） |
| edu | 0.022 *** | 0.054 *** | 0.015 ** |
| | （0.0075） | （0.0172） | （0.0073） |
| $zjh_2$ | | | 0.121 *** |
| | | | （0.0166） |
| 控制变量 | 控制 | 控制 | 控制 |
| Constant | 0.278 | 1.678 *** | 0.074 |
| | （0.1724） | （0.3918） | （0.1681） |
| Adj. $R^2$ | 0.0182 | 0.0320 | 0.0915 |
| F | 2.73 *** | 4.10 *** | 9.25 *** |
| Observations | 656 | 656 | 656 |
| Sobel Z | 2.913 *** | | |
| Sobel Z 的 P 值 | 0.0035 | | |
| 中介效应 | 0.0066 | | |
| 中介效应占比（%） | 0.3058 | | |

注：** 表示 $p < 0.05$；*** 表示 $p < 0.01$；括号内为标准误。

表 5.9 第（1）～第（3）列是创业机会识别路径的检验结果。不加入中介因子的回归中，edu 的系数为 0.022 在 1% 水平上显著，即教育会提升新生代移民创业决策；针对中介因子检验发现，edu 的系数依然显著（$\beta = 0.054$，$p < 0.01$），即新生代移民的教育对创业机会识别有显著增加作用；加入中介因子的回归中发现，中介因子 $zjh_2$ 的系数和 edu 的系数均在 1% 水平上显著为正，且影响系数由 0.22 降至 0.015，说明教育对新生代移民创业决策有正向影响，并且 Sobel Z 的统计量均显著（Sobel $Z_{edu} = 2.913$，$p < 0.01$），因此，创业机会识别是部分中介路径，体现了创业机会识别在教育对新生代移民创业决策的影响中起到部分中介效应。

②培训。在创业决策过程中，创业者的认知和学习思路能够促使其进行创业机会识别（陈震红和董俊武，2015）。因此，本节设置不含中介因子检验路径（1）、中介因子检验路径（2）以及含中介因子检验路径（3）来印证创业机会识别在培训内容（tc）和培训强度（it）对新生代移民创业决策的影响中起到的中介效应。回归结果如表 5.10 和表 5.11 所示。

表 5.10 培训内容影响新生代移民创业决策的路径

| 变量 | 创业机会识别路径 | | |
| --- | --- | --- | --- |
| | 不含中介因子 | 中介因子检验 | 含中介因子 |
| | $y_1$ | $zjh_2$ | $y_1$ |
| | (1) | (2) | (3) |
| tc | 0.077 *** | 0.554 *** | 0.055 ** |
| | (0.0247) | (0.0766) | (0.0256) |
| $zjh_2$ | | | 0.0403 *** |
| | | | (0.0136) |
| 控制变量 | 控制 | 控制 | 控制 |
| Constant | 0.768 *** | 2.425 *** | 0.670 *** |
| | (0.0958) | (0.2982) | (0.1008) |
| Adj. $R^2$ | 0.0143 | 0.1019 | 0.0281 |
| F | 2.15 *** | 9.95 *** | 3.00 *** |

续表

| 变量 | 创业机会识别路径 | | |
| --- | --- | --- | --- |
| | 不含中介因子 | 中介因子检验 | 含中介因子 |
| | $y_1$ | $zjh_2$ | $y_1$ |
| | (1) | (2) | (3) |
| Observations | 553 | 553 | 553 |
| Sobel Z | | 2.735 *** | |
| Sobel Z 的 P 值 | | 0.0062 | |
| 中介效应 | | 0.0224 | |
| 中介效应占比（%） | | 0.2884 | |

注：** 表示 $p < 0.05$；*** 表示 $p < 0.01$；括号内为标准误。

**表5.11　　　　培训强度影响新生代移民创业决策的路径**

| 变量 | 创业机会识别路径 | | |
| --- | --- | --- | --- |
| | 不含中介因子 | 中介因子检验 | 含中介因子 |
| | $y_1$ | $zjh_2$ | $y_1$ |
| | (1) | (2) | (3) |
| it | 0.036 *** | 0.522 *** | 0.013 |
| | (0.0177) | (0.0529) | (0.0190) |
| $zjh_2$ | | | 0.045 *** |
| | | | (0.0142) |
| 控制变量 | 控制 | 控制 | 控制 |
| Constant | 0.749 *** | 1.769 *** | 0.668 *** |
| | (0.1011) | (0.3019) | (0.1034) |
| Adj. $R^2$ | 0.0042 | 0.1651 | 0.0206 |
| F | 1.33 *** | 16.59 *** | 2.45 *** |
| Observations | 553 | 553 | 553 |
| Sobel Z | | 3.031 *** | |
| Sobel Z 的 P 值 | | 0.0024 | |
| 中介效应 | | 0.0236 | |
| 中介效应占比（%） | | 0.6456 | |

注：*** 表示 $p < 0.01$；括号内为标准误。

表 5.10 和表 5.11 第（1）～第（3）列是创业机会识别路径的检验结果。不加入中介因子的回归中，tc 和 it 的系数在 1% 水平上显著为正，即培训内容和培训强度都会提升新生代移民创业决策；针对中介因子检验发现，tc 和 it 的系数依然显著，即新生代移民的培训内容和培训强度对创业机会识别均有显著增加作用；加入中介因子的回归中发现，中介因子 $zjh_2$ 的系数和 tc 的系数在 1% 水平上显著为正，但中介因子 it 的系数不显著，说明仅有培训内容对新生代移民创业决策有正向影响，并且 Sobel Z 的统计量均显著（Sobel $Z_{tc}$ = 2.735，p < 0.01；Sobel $Z_{it}$ = 3.031，p < 0.01）。因此，创业机会识别在培训内容对新生代移民创业决策的影响中起到部分中介效应，创业机会识别在培训强度对新生代移民创业决策的影响中起到完全中介效应。

③工作经历。秦芳等（2018）在其研究中提出省外务工经历在高教育水平、发达省份回流、有管理经历和有创业经历的返乡家庭中对创业的促进作用更强。项国鹏等（2018）也提出在先前工作经历中获得更多的知识和经历积累的创业者会增加其返乡家庭人力资本，从而提高创业的可能性。

因此，本节设置不含中介因子检验路径（1）、中介因子检验路径（2）以及含中介因子检验路径（3）来印证创业机会识别在工作经历［打工经历（we）、创业经历（ee）、管理经历（me）和工作经历丰富程度（rwe）］对新生代移民创业决策的影响中起到的中介效应。回归结果如表 5.12 ～表 5.15 所示。

表 5.12　　　　　　　　打工经历影响新生代移民创业决策的路径

| 变量 | 创业机会识别路径 | | |
| --- | --- | --- | --- |
| | 不含中介因子 | 中介因子检验 | 含中介因子 |
| | $y_1$ | $zjh_2$ | $y_1$ |
| | （1） | （2） | （3） |
| we | 0.283 *** <br>（0.0388） | 0.5304 *** <br>（0.0896） | 0.228 *** <br>（0.0387） |

续表

| 变量 | 创业机会识别路径 | | |
|---|---|---|---|
| | 不含中介因子 | 中介因子检验 | 含中介因子 |
| | $y_1$ | $zjh_2$ | $y_1$ |
| | （1） | （2） | （3） |
| $zjh_2$ | | | 0. 104 *** <br> （0. 0165） |
| 控制变量 | 控制 | 控制 | 控制 |
| Constant | 0. 391 *** <br> （0. 1238） | 2. 111 *** <br> （0. 2855） | 0. 172 <br> （0. 1253） |
| Industry | yes | yes | yes |
| Adj. $R^2$ | 0. 0811 | 0. 0674 | 0. 1321 |
| F | 9. 25 *** | 7. 76 *** | 13. 46 *** |
| N | 656 | 656 | 656 |
| Sobel Z | | 4. 298 *** | |
| Sobel Z 的 P 值 | | 0. 0000 | |
| 中介效应 | | 0. 0549 | |
| 中介效应占比（%） | | 0. 1938 | |

注：*** 表示 p < 0. 01；括号内为标准误。

**表 5. 13　　　　先前创业经历影响新生代移民创业决策的路径**

| 变量 | 创业机会识别路径 | | |
|---|---|---|---|
| | 不含中介因子 | 中介因子检验 | 含中介因子 |
| | $y_1$ | $zjh_2$ | $y_1$ |
| | （1） | （2） | （3） |
| ee | 0. 156 *** <br> （0. 0335） | 0. 874 *** <br> （0. 0695） | 0. 057 <br> （0. 0363） |
| $zjh_2$ | | | 0. 1126 *** <br> （0. 0184） |

续表

| 变量 | 创业机会识别路径 | | |
|---|---|---|---|
| | 不含中介因子 | 中介因子检验 | 含中介因子 |
| | $y_1$ | $zjh_2$ | $y_1$ |
| | （1） | （2） | （3） |
| 控制变量 | 控制 | 控制 | 控制 |
| Constant | 0.595 *** | 2.393 *** | 0.325 ** |
| | (0.1225) | (0.2543) | (0.1271) |
| Industry | yes | yes | yes |
| Adj. $R^2$ | 0.0380 | 0.2095 | 0.0892 |
| F | 4.69 *** | 25.79 *** | 9.01 *** |
| N | 656 | 656 | 656 |
| Sobel Z | 5.499 *** | | |
| Sobel Z 的 P 值 | 0.0000 | | |
| 中介效应 | 0.0985 | | |
| 中介效应占比（％） | 0.6302 | | |

注：** 表示 $p < 0.05$；*** 表示 $p < 0.01$；括号内为标准误。

**表 5.14　　管理经历影响新生代移民创业决策的路径**

| 变量 | 创业机会识别路径 | | |
|---|---|---|---|
| | 不含中介因子 | 中介因子检验 | 含中介因子 |
| | $y_1$ | $zjh_2$ | $y_1$ |
| | （1） | （2） | （3） |
| me | 0.306 *** | 0.8427 *** | 0.245 *** |
| | (0.0322) | (0.0710) | (0.0351) |
| $zjh_2$ | | | 0.074 *** |
| | | | (0.0176) |
| 控制变量 | 控制 | 控制 | 控制 |
| Constant | 0.568 *** | 2.398 *** | 0.392 *** |
| | (0.1167) | (0.2570) | (0.1227) |

续表

| 变量 | 创业机会识别路径 | | |
|---|---|---|---|
| | 不含中介因子 | 中介因子检验 | 含中介因子 |
| | $y_1$ | $zjh_2$ | $y_1$ |
| | （1） | （2） | （3） |
| Industry | yes | yes | yes |
| Adj. $R^2$ | 0.1276 | 0.1924 | 0.1493 |
| F | 14.68 *** | 23.30 *** | 15.37 *** |
| N | 656 | 656 | 656 |
| Sobel Z | | 3.951 *** | |
| Sobel Z 的 P 值 | | 0.0000 | |
| 中介效应 | | 0.0622 | |
| 中介效应占比（%） | | 0.2027 | |

注：*** 表示 $p < 0.01$；括号内为标准误。

**表 5.15　工作经历丰富程度影响新生代移民创业决策的路径**

| 变量 | 创业机会识别路径 | | |
|---|---|---|---|
| | 不含中介因子 | 中介因子检验 | 含中介因子 |
| | $y_1$ | $zjh_2$ | $y_1$ |
| | （1） | （2） | （3） |
| rwe | 0.078 ***<br>（0.0134） | 0.228 ***<br>（0.0300） | 0.053 ***<br>（0.0136） |
| $zjh_2$ | | | 0.107 ***<br>（0.0170） |
| 控制变量 | 控制 | 控制 | 控制 |
| Constant | 0.446 ***<br>（0.1251） | 2.027 ***<br>（0.2798） | 0.230 ***<br>（0.1264） |
| Industry | yes | yes | yes |
| Adj. $R^2$ | 0.0544 | 0.0976 | 0.1067 |
| F | 6.38 *** | 11.12 *** | 10.78 *** |

续表

| 变量 | 创业机会识别路径 | | |
|---|---|---|---|
| | 不含中介因子 | 中介因子检验 | 含中介因子 |
| | $y_1$ | $zjh_2$ | $y_1$ |
| | （1） | （2） | （3） |
| N | 656 | 656 | 656 |
| Sobel Z | 4. 824 *** | | |
| Sobel Z 的 P 值 | 0. 0000 | | |
| 中介效应 | 0. 0243 | | |
| 中介效应占比（%） | 0. 3138 | | |

注：*** 表示 p < 0. 01；括号内为标准误。

表5. 12 ~ 表5. 15 第（1）~ 第（3）列是创业机会识别路径的检验结果。不加入中介因子的回归中，we、ee、me、rwe 的系数在 1% 水平上显著为正，即打工经历、创业经历、管理经历和工作丰富程度都会提升新生代移民创业决策；针对中介因子检验发现，we、ee、me、rwe 的系数依然显著，即新生代移民的打工经历、创业经历、管理经历和工作丰富程度对创业机会识别均有显著增加作用；加入中介因子进行回归时，发现中介因子 $zjh_2$ 的系数和 we、ee、me、rwe 的系数均在 1% 水平上显著为正，说明创业机会识别、打工经历、创业经历、管理经历和工作丰富程度均对新生代移民创业决策有正向影响，并且 Sobel Z 的统计量均显著（Sobel $Z_{we}$ = 4. 298，p < 0. 01；Sobel $Z_{ee}$ = 5. 499，p < 0. 01；Sobel $Z_{me}$ = 3. 951，p < 0. 01；Sobel $Z_{rwe}$ = 4. 824，p < 0. 01）。因此，创业机会识别是部分中介路径，说明了创业机会识别在打工经历、创业经历、管理经历和工作丰富程度对新生代移民创业决策的影响中都起到了部分中介效应。

（2）社会网络机制。已有研究对"在什么情况下发现创业机会的创业者会更有可能作出创业的决策"给予合理解释，并提出了关于农村地区广泛存在的创业榜样影响个体的创业决策，且社会网络支持有助于提高其实施创业活动的可能性，有管理工作经历和行业工作经历的创业者更有可能开发创业机会（蒋剑勇等，2014；柴时军，2017）。此外，培训对社会网络的提升也有一定帮助，但是社会网络对创业决策没有决定性作用，所以社会网络在培训对创业决策中没有起到中介机制。

基于此，本节设置不含中介因子检验路径（1）、中介因子检验路径（2）以及含中介因子检验路径（3）来印证社会网络在工作经历［打工经历（we）、创业经历（ee）、管理经历（me）和工作经历丰富程度（rwe）］对新生代移民创业决策的影响中起到的中介效应。回归结果如表 5.16 ～表 5.19 所示。

表 5.16　　　　　　　打工经历影响新生代移民创业决策的路径

| 变量 | 社会网络路径 | | |
|---|---|---|---|
| | 不含中介因子 | 中介因子检验 | 含中介因子 |
| | $y_1$ | zsh | $y_1$ |
| | （1） | （2） | （3） |
| we | 0.283 *** | 0.294 *** | 0.239 *** |
| | (0.0389) | (0.0784) | (0.0374) |
| zsh | | | 0.152 *** |
| | | | (0.0185) |
| 控制变量 | 控制 | 控制 | 控制 |
| Constant | 0.391 *** | 2.241 *** | 0.050 |
| | (0.1238) | (0.2497) | (0.1250) |
| Industry | yes | yes | yes |
| Adj. $R^2$ | 0.0811 | 0.0484 | 0.1663 |
| F | 9.25 *** | 4.73 *** | 17.34 *** |
| N | 656 | 656 | 656 |
| Sobel Z | 3.407 *** | | |
| Sobel Z 的 P 值 | 0.0007 | | |
| 中介效应 | 0.0447 | | |
| 中介效应占比（%） | 0.1577 | | |

注：*** 表示 $p < 0.01$；括号内为标准误。

**表 5.17　　　　先前创业经历影响新生代移民创业决策的路径**

| 变量 | 社会网络路径 | | |
|---|---|---|---|
| | 不含中介因子 | 中介因子检验 | 含中介因子 |
| | $y_1$ | zsh | $y_1$ |
| | （1） | （2） | （3） |
| ee | 0.156 *** (0.0335) | 0.336 *** (0.0654) | 0.103 *** (0.0325) |
| zsh | | | 0.157 *** (0.0191) |
| 控制变量 | 控制 | 控制 | 控制 |
| Constant | 0.595 *** (0.1225) | 2.422 *** (0.2394) | 0.2137 *** (0.1256) |
| Industry | yes | yes | yes |
| Adj. $R^2$ | 0.0380 | 0.0560 | 0.1275 |
| F | 4.69 *** | 6.55 *** | 12.97 *** |
| N | 656 | 656 | 656 |
| Sobel Z | 4.354 *** | | |
| Sobel Z 的 P 值 | 0.0000 | | |
| 中介效应 | 0.0529 | | |
| 中介效应占比（%） | 0.3386 | | |

注：*** 表示 $p<0.01$；括号内为标准误。

**表 5.18　　　　管理经历影响新生代移民创业决策的路径**

| 变量 | 社会网络路径 | | |
|---|---|---|---|
| | 不含中介因子 | 中介因子检验 | 含中介因子 |
| | $y_1$ | zsh | $y_1$ |
| | （1） | （2） | （3） |
| me | 0.306 *** (0.0322) | 0.548 *** (0.0639) | 0.238 *** (0.0329) |
| zsh | | | 0.125 *** (0.0192) |
| 控制变量 | 控制 | 控制 | 控制 |

续表

| 变量 | 社会网络路径 | | |
|---|---|---|---|
| | 不含中介因子 | 中介因子检验 | 含中介因子 |
| | $y_1$ | zsh | $y_1$ |
| | （1） | （2） | （3） |
| Constant | 0.569 *** | 2.385 *** | 0.270 ** |
| | (0.1167) | (0.2314) | (0.1221) |
| Industry | yes | yes | yes |
| Adj. $R^2$ | 0.1276 | 0.1177 | 0.1800 |
| F | 14.68 *** | 13.48 *** | 18.97 ** |
| N | 656 | 656 | 656 |
| Sobel Z | 5.187 *** | | |
| Sobel Z 的 P 值 | 0.0000 | | |
| 中介效应 | 0.0686 | | |
| 中介效应占比（%） | 0.2236 | | |

注：** 表示 $p < 0.05$；*** 表示 $p < 0.01$；括号内为标准误。

**表 5.19　工作经历丰富程度影响新生代移民创业决策的路径**

| 变量 | 社会网络路径 | | |
|---|---|---|---|
| | 不含中介因子 | 中介因子检验 | 含中介因子 |
| | $y_1$ | zsh | $y_1$ |
| | （1） | （2） | （3） |
| rwe | 0.078 *** | 0.124 *** | 0.058 *** |
| | (0.0134) | (0.0265) | (0.0130) |
| zsh | | | 0.154 *** |
| | | | (0.0189) |
| 控制变量 | 控制 | 控制 | 控制 |
| Constant | 0.446 *** | 2.199 *** | 0.107 |
| | (0.1251) | (0.2473) | (0.1263) |
| Industry | yes | yes | yes |
| Adj. $R^2$ | 0.0544 | 0.0496 | 0.1407 |
| F | 6.38 *** | 5.88 *** | 14.41 *** |

续表

| 变量 | 社会网络路径 | | |
|---|---|---|---|
| | 不含中介因子 | 中介因子检验 | 含中介因子 |
| | $y_1$ | zsh | $y_1$ |
| | （1） | （2） | （3） |
| N | 656 | 656 | 656 |
| Sobel Z | 4.052 *** | | |
| Sobel Z 的 P 值 | 0.0000 | | |
| 中介效应 | 0.0191 | | |
| 中介效应占比（％） | 0.2464 | | |

注：*** 表示 p < 0.01；括号内为标准误。

表 5.16 ~ 表 5.19 中第（1）~ 第（3）列是社会网络路径的检验结果。不加入中介因子的回归中，we、ee、me、rwe 的系数均在 1% 水平上显著为正，即打工经历、创业经历、管理经历和工作丰富程度都会提升新生代移民的创业决策；针对中介因子检验发现，we、ee、me、rwe 的系数依然显著，即新生代移民的打工经历、创业经历、管理经历和工作丰富程度对社会网络有显著扩大作用；加入中介因子进行回归时发现，中介因子 zsh 的系数和 we、ee、me、rwe 的系数均在 1% 水平上显著为正，说明社会网络、打工经历、创业经历、管理经历和工作丰富程度均对新生代移民创业决策有正向影响，并且 Sobel Z 的统计量均显著（Sobel $Z_{we}$ = 3.407，p < 0.01；Sobel $Z_{ee}$ = 4.354，p < 0.01；Sobel $Z_{me}$ = 5.187，p < 0.01；Sobel $Z_{rwe}$ = 4.052，p < 0.01）。因此，社会网络是部分中介路径，说明了社会网络在打工经历、创业经历、管理经历和工作丰富程度对新生代移民创业决策的影响中起到部分中介效应。

以上分析表明，创业机会识别在教育对新生代移民创业决策的影响中起到部分中介效应；创业机会识别在培训内容对新生代移民创业决策的影响中起到部分中介效应；创业机会识别在培训强度对新生代移民创业决策的影响中起到完全中介效应；创业机会识别在打工经历、创业经历、管理经历和工作丰富程度中对新生代移民创业决策的影响起到了部分中介效应。社会网络在打工经历、创业经历、管理经历和工作丰富程度对新生代移民创业决策的影响中都起到部分中介效应。

综上所述，教育、培训和工作经历通过创业机会识别机制正向影响新生代移民创业决策，工作经历通过社会网络机制正向影响新生代移民创业决策。

## 5.2.4 稳健性检验

本章重点关注新生代移民人力资本与创业决策的关系，所以本章根据新生代移民的受教育年限（edu）来缩小样本量，把创业者的样本缩减为受教育年限为 9~15 年的新生代移民进行稳健性检验，具体内容如表 5.20 所示。教育、培训内容、培训强度、打工经历、创业经历、管理经历、工作丰富程度、身体健康和心理健康均对创业决策有显著正向影响（ $\alpha_{edu}=0.066$ ， $p<0.05$ ； $\alpha_{tc}=1.325$ ， $p<0.01$ ； $\alpha_{it}=1.410$ ， $p<0.01$ ； $\alpha_{we}=0.352$ ， $p<0.01$ ； $\alpha_{ee}=0.598$ ， $p<0.01$ ； $\alpha_{me}=1.085$ ， $p<0.01$ ； $\alpha_{rwe}=0.536$ ， $p<0.01$ ； $\alpha_{ph}=0.259$ ， $p<0.01$ ； $\alpha_{mh}=0.670$ ， $p<0.01$ ），且通过显著性检验。受教育年限为 9~15 年的新生代移民共 492 个样本，缩小样本量的检验结果和总体样本的实证结果基本一致。因此，回归模型的研究结果是稳健的。

表 5.20　　　　　　　　　　稳健性检验估计结果

| 类型 | 变量 | $M_1$ | $M_2$ | $M_3$ | $M_4$ | $M_5$ | $M_6$ | $M_7$ | $M_8$ | $M_9$ |
|---|---|---|---|---|---|---|---|---|---|---|
| 解释变量 | edu | 0.066 **<br>(0.029) | | | | | | | | |
| | tc | | 1.325 ***<br>(0.173) | | | | | | | |
| | it | | | 1.410 ***<br>(0.262) | | | | | | |
| | we | | | | 0.352 ***<br>(0.144) | | | | | |
| | ee | | | | | 0.598 ***<br>(0.134) | | | | |

| 类型 | 变量 | $M_1$ | $M_2$ | $M_3$ | $M_4$ | $M_5$ | $M_6$ | $M_7$ | $M_8$ | $M_9$ |
|---|---|---|---|---|---|---|---|---|---|---|
| 解释变量 | me |  |  |  |  |  | 1.085 *** (0.134) |  |  |  |
| | rwe |  |  |  |  |  |  | 0.536 *** (0.074) |  |  |
| | ph |  |  |  |  |  |  |  | 0.259 *** (0.076) |  |
| | mh |  |  |  |  |  |  |  |  | 0.670 *** (0.097) |
| | Cons | -0.475 (0.654) | 0.309 * (0.497) | -2.187 *** (0.785) | 0.253 * (0.475) | 0.395 * (0.458) | 0.248 * (0.471) | -0.819 (0.5004) | -0.218 (0.526) | -1.436 ** (0.577) |
| Pseudo $R^2$ | | 0.022 | 0.143 | 0.325 | 0.0237 | 0.049 | 0.138 | 0.101 | 0.036 | 0.117 |
| F | | 4.731 *** | 6.410 *** | 6.770 *** | 13.932 *** | 6.206 *** | 8.650 *** | 5.480 *** | 8.44 *** | 15.12 *** |
| N | | 492 | 492 | 492 | 492 | 492 | 492 | 492 | 492 | 492 |

注：* 表示 $p < 0.10$；** 表示 $p < 0.05$；*** 表示 $p < 0.01$；括号内为 z 值。

## 5.2.5  实证结果汇总

本章的实证结果见表5.21，即新生代移民人力资本对创业决策产生显著正向影响；创业机会识别在培训强度和创业决策中起部分中介作用，创业机会识别在教育、培训内容、打工经历、创业经历、管理经历、工作丰富程度和创业决策中起部分中介作用；社会网络在教育、培训内容、培训强度、打工经历、创业经历、管理经历、工作丰富程度和创业决策中起部分中介作用；义务教育阶段的学校硬件条件、义务教育阶段的学校软件能力、父辈教育观念能强化教育对创业决策的正向影响；制度环境和社区环境在培训内容、培训强度对创业决策的影响中起到强化作用，但是在工作经历和健康状况对创业决策的影响中没有明显作用，所以异质性检验结果部分成立。

表 5. 21　　　　　　　　　　　实证结果汇总

| 类型 | 序号 | 假设内容 | 结果 |
|---|---|---|---|
| 基准回归检验 | H1 | 教育对新生代移民的创业决策有正向影响 | 成立 |
| | H2 | 培训对新生代移民的创业决策有正向影响 | 成立 |
| | H3 | 工作经历对新生代移民的创业决策有正向影响 | 成立 |
| | H4 | 健康状况对新生代移民的创业决策有正向影响 | 成立 |
| 异质性检验 | H5 | 义务教育阶段学校硬件条件越完善，教育对新生代移民创业决策的正向影响越显著 | 成立 |
| | H6 | 义务教育阶段学校软件能力越高，教育对新生代移民创业决策的正向影响越显著 | 成立 |
| | H7 | 父辈对教育的重视程度越高，教育对新生代移民创业决策的正向影响越显著 | 成立 |
| | H8 | 制度环境越完善，人力资本对新生代移民创业决策的正向影响越显著 | 部分成立 |
| | H9 | 社区环境越完善，人力资本对新生代移民创业决策的正向影响越显著 | 部分成立 |
| 机制检验 | H10 | 教育通过创业机会识别机制正向影响新生代移民创业决策 | 成立 |
| | H11 | 培训通过创业机会识别机制正向影响新生代移民创业决策 | 成立 |
| | H12 | 工作经历通过创业机会识别机制正向影响新生代移民创业决策 | 成立 |
| | H13 | 工作经历通过社会网络机制正向影响新生代移民创业决策 | 成立 |

## 5.3　本章小结

本章实证检验了人力资本（教育、培训、工作经历和健康状况）对新生代移民创业决策的影响、机制和异质性，得出的主要结论如下。

第一，新生代移民教育年限、培训、打工经历以及健康状况对创业决策具有显著正向影响，这表明在引导新生代移民作出创业决策时，通过开展教育、提升教育质量、有针对性的创业培训、提升培训强度、关注其身体健康状况等方面均可促进其作出有效的创业决策。同时，给予有过打工经历、创业经历和管理经历的新生代移民更多的关注和引导，也会促进其作出有效创业决策。

第二，义务教育阶段的学校硬件设施和软件能力的完善、父辈教育观念的重视都会进一步强化新生代移民受教育年限对创业决策的正向影响；制度环境和社区环境越完善，培训对新生代移民创业决策的正向影响越显著；完善的制度环境和社区环境并未增强工作经历对新生代移民创业决策的正向影响；完善的制度环境和社区环境并未增强新生代移民健康状况对创业决策的正向影响。

第三，创业机会识别在教育、培训内容、打工经历、创业经历和工作丰富程度与创业决策之间起部分中介作用，创业机会识别在培训强度与创业决策中起部分中介作用；社会网络在打工经历、创业经历、管理经历和工作丰富程度对新生代移民创业决策的影响中起部分中介效应。

| 第 6 章 |

# 人力资本对三峡库区新生代移民创业绩效
# 影响的实证研究

本章将实证分析人力资本四个维度对创业绩效的影响，验证创业机会识别、社会网络、义务教育阶段学校的硬件条件、义务教育阶段学校的软件能力、父辈教育观念、制度环境、社区环境的影响效应。

## 6.1　模型设定

本章通过设定模型（1）~模型（3）来验证人力资本的四个维度（教育、培训、工作经历、健康状况）与新生代移民创业绩效的相关关系①，以及从父辈教育观念、义务教育阶段的学校硬件条件、义务教育阶段的学校软件能力、制度环境和社区环境的角度分析人力资本影响创业绩效的异质性，同时，检验了人力资本通过创业机会识别、社会网络影响创业绩效的机制。

由于不同变量的模型相似，所以用基准模型作为范例展示如下：

$$y_2 = \alpha_0 + \beta_1 X_i + \beta_2 Z_i + \mu_i \qquad (6-1)$$

---

① 本书刻画的人力资本四个维度的指标先于创业决策和创业绩效，不存在严重的反向因果关系。因此，回归模型不存在严重的内生性问题。由于检验人力资本四个维度的指标较多，同时放入模型会存在多重共线性。

其中，$\alpha_0$ 为常数，$i$ 为样本个体，$X_i$ 表示控制变量，$y_2$ 表示创业绩效，$Z_i$ 表示解释变量，$\beta_1$、$\beta_2$ 表示模型参数，$\mu_i$ 表示随机误差项。详情如表4.2所示。

$$y_2 = \alpha_0 + \beta_1 X_i + \beta_2 Z_i + \beta_3 K_i + \beta_4 Z_i \times K_i + \mu_i \qquad (6-2)$$

其中，$\alpha_0$ 为常数，$i$ 为样本个体，$X_i$ 表示控制变量，$y_2$ 表示创业绩效，$Z_i$ 表示解释变量，$K_i$ 表示调节变量，$Z_i \times K_i$ 表示解释变量与调节变量的交互项，$\beta_1$、$\beta_2$、$\beta_3$、$\beta_4$ 表示模型参数，$\mu_i$ 表示随机误差项。详情如表4.2所示。

$$T_i = \alpha_0 + \beta_1 X_i + \beta_2 Z_i + \mu_i$$
$$y_2 = \alpha_0 + \beta_1 X_i + \beta_2 T_i + \mu_i$$
$$y_2 = \alpha_0 + \beta_1 X_i + \beta_2 Z_i + \beta_3 T_i + \mu_i \qquad (6-3)$$

其中，$\alpha_0$ 为常数，$i$ 为样本个体，$X_i$ 表示控制变量，$y_2$ 表示创业绩效，$Z_i$ 表示解释变量，$T_i$ 表示中介变量，$\beta_1$、$\beta_2$、$\beta_3$ 表示模型参数，$\mu_i$ 表示为随机误差项。详情如表4.2所示。

## 6.2　回归分析

本节将依次从主效应、异质性和机制检验三个方面来探讨第3章所提出的研究假设，具体以创业绩效为被解释变量，受教育年限、培训内容、培训强度、打工经历、创业经历、管理经历、工作经历丰富程度、身体健康和心理健康状况作为解释变量，且本章研究的估计策略为 OLS 回归分析，估计结果来自 Stata15 计量软件。

### 6.2.1　人力资本对新生代移民创业绩效影响的主效应检验

（1）教育对新生代移民创业绩效的影响。本部分将侧重分析教育对创业绩效的影响。本部分的分析具体是以创业绩效（$y_2$）为被解释变量，教育年限（edu）为核心解释变量，年龄（age）、性别（gender）、婚姻状况（ms）、搬迁年限（time）、行业（business）和家庭年收入（capital）为控制变量。在全样本条件下，表 6.1 中 $M_1$ 显示教育与创业绩效呈显著正相关（$\beta_{edu} = 0.040$，$p < 0.05$）。这说明创业者受教育年限越长，越有利于提高创业活动绩效。

表 6.1　　　　　　　　　　教育对新生代移民创业绩效的影响

| 变量类型 | 变量 | $M_1$ |
|---|---|---|
| 控制变量 | age | 0.010<br>(0.007) |
| | gender | -0.038<br>(0.074) |
| | ms | 0.092<br>(0.077) |
| | time | -0.037<br>(0.031) |
| | business | 0.088<br>(0.075) |
| | capital | 0.105 ***<br>(0.032) |
| 解释变量 | edu | 0.040 **<br>(0.017) |
| | Cons | 1.948 ***<br>(0.373) |
| $R^2$ | | 0.048 |
| F | | 4.070 *** |
| N | | 502 |

注：** 表示 $p < 0.05$；*** 表示 $p < 0.01$；括号内为标准误。

（2）培训对新生代移民创业绩效的影响。本部分的具体分析是以创业绩效（$y_2$）为被解释变量，培训内容（tc）和培训强度（it）为核心解释变量。在全样本条件下，表 6.2 中 $M_1$ 和 $M_2$ 显示，培训内容、培训强度与创业绩效呈正相关（$\beta_{tc} = 0.306$，$p < 0.01$；$\beta_{it} = 0.465$，$p < 0.01$），均通过显著性检验。这说明创业者参加与创业相关培训的内容有利于提高创业活动绩效，且增加创业者参与培训次数、提升培训与创业关联度、提高培训延续性等都有利于改善创业绩效。

表6.2 培训对新生代移民创业绩效影响

| 变量类型 | 变量 | $M_1$ | $M_2$ |
|---|---|---|---|
| 控制变量 | age | 0.008<br>(0.007) | 0.003<br>(0.007) |
| | gender | −0.041<br>(0.073) | −0.032<br>(0.068) |
| | ms | 0.124<br>(0.076) | 0.096<br>(0.072) |
| | time | −0.029<br>(0.030) | −0.026<br>(0.027) |
| | business | 0.093<br>(0.074) | 0.060<br>(0.070) |
| | capital | 0.111***<br>(0.031) | 0.065**<br>(0.029) |
| 解释变量 | tc | 0.306***<br>(0.070) | |
| | it | | 0.465***<br>(0.042) |
| | Cons | 2.358***<br>(0.263) | 1.630***<br>(0.266) |
| | $R^2$ | 0.072 | 0.199 |
| | F | 6.737*** | 19.67*** |
| | N | 502 | 502 |

注：** 表示 $p<0.05$；*** 表示 $p<0.01$；括号内为标准误。

（3）工作经历对新生代移民创业绩效的影响。本部分具体是以创业绩效（$y_2$）为被解释变量，打工经历（we）、创业经历（ee）、管理经历（we）和工作经历丰富程度（rwe）为核心解释变量。在全样本条件下，表6.3中$M_1 \sim M_4$显示，打工经历、创业经历、管理经历、工作丰富程度与创业绩效均呈正相关（$\beta_{we}=0.583$，$\beta_{ee}=0.352$，$\beta_{me}=0.478$，$\beta_{rwe}=0.144$），且通过显著性检验（$p<0.01$）。这说明创业者过往打工经历和管理经历能积累创业经验、人脉及其他有助于创业活动的经验，创业经历和丰富的工作经历也都有利于改善创业绩效。

**表6.3** 工作经历对新生代移民创业绩效影响

| 变量类型 | 变量 | $M_1$ | $M_2$ | $M_3$ | $M_4$ |
|---|---|---|---|---|---|
| 控制变量 | age | 0.008<br>(0.007) | 0.004<br>(0.007) | 0.004<br>(0.007) | 0.004<br>(0.007) |
| | gender | −0.104<br>(0.073) | −0.063<br>(0.073) | −0.081<br>(0.072) | −0.067<br>(0.073) |
| | ms | 0.096<br>(0.075) | 0.080<br>(0.075) | 0.071<br>(0.074) | 0.070<br>(0.075) |
| | time | −0.021<br>(0.030) | −0.028<br>(0.030) | −0.035<br>(0.028) | −0.039<br>(0.030) |
| | business | 0.082<br>(0.071) | 0.115<br>(0.074) | 0.093<br>(0.075) | 0.077<br>(0.074) |
| | capital | 0.109 ***<br>(0.030) | 0.103 ***<br>(0.031) | 0.088 ***<br>(0.031) | 0.113 ***<br>(0.031) |
| 解释变量 | we | 0.583 ***<br>(0.092) | | | |
| | ee | | 0.352 ***<br>(0.070) | | |
| | me | | | 0.478 ***<br>(0.082) | |
| | rwe | | | | 0.144 ***<br>(0.030) |
| | Cons | 2.040 ***<br>(0.277) | 2.510 ***<br>(0.274) | 2.460 ***<br>(0.260) | 2.245 ***<br>(0.272) |
| $R^2$ | | 0.105 | 0.083 | 0.109 | 0.080 |
| F | | 8.338 *** | 6.780 *** | 7.881 *** | 6.300 *** |
| N | | 502 | 502 | 502 | 502 |

注: *** 表示 $p < 0.01$; 括号内为标准误。

（4）健康状况对新生代移民创业绩效的影响。本分析具体是以创业绩效（$y_2$）为被解释变量，身体健康（ph）和心理健康状况（mh）为核心解释变量。在全样本条件下，表6.4中 $M_1$ 和 $M_2$ 显示，身体健康和心理健康均与创业绩效均呈显著正相关（$\beta_{ph} = 0.188$，$p < 0.01$；$\beta_{mh} = 0.315$，$p < 0.01$），且通过显著性检验。这说明新生代创业者良好的身体与心理健康状况对改善创业绩效有明显的帮助。

表 6.4 健康状况对新生代移民创业绩效的影响

| 类型 | 变量 | M₁ | M₂ |
|---|---|---|---|
| 控制变量 | age | 0.006 (0.007) | 0.004 (0.007) |
| | gender | −0.025 (0.071) | −0.049 (0.070) |
| | ms | 0.082 (0.075) | 0.097 (0.074) |
| | time | −0.033 (0.030) | −0.032 (0.030) |
| | business | 0.097 (0.075) | 0.091 (0.074) |
| | capital | 0.115*** (0.031) | 0.105*** (0.030) |
| 解释变量 | ph | 0.188*** (0.041) | |
| | mh | | 0.315*** (0.051) |
| | Cons | 1.914*** (0.294) | 1.531*** (0.301) |
| R² | | 0.076 | 0.121 |
| F | | 6.239*** | 9.174*** |
| N | | 502 | 502 |

注：*** 表示 $p < 0.01$；括号内为标准误。

以上分析表明，人力资本对新生代移民的创业绩效有显著的正向影响，印证了第 3 章从人力资本的四个维度提出的研究假设。其中，受教育年限长对新生代移民的创业绩效有显著的正向影响；参加的培训内容与创业相关度高、参加的培训强度大都能对新生代移民的创业绩效有显著的正向影响。

## 6.2.2　人力资本影响新生代移民创业绩效影响的异质性分析

（1）基于义务教育阶段的学校硬件条件与软件能力、父辈教育观念的视角。本小节设置了学校硬件条件与软件能力、父辈教育观念作为教育影响新生代移民创业绩效的异质性。表6.5 中 $M_1 \sim M_3$ 分别是在主效应检验基础上加入义务教育阶段学校的硬件条件（$mjy_1\_6$）、义务教育阶段学校的软件能力（$mjy\_ywr$）、父母教育投资观念（$mfb_2$）、教育与义务教育阶段学校的硬件条件的交互项（$edu \times mjy_1\_6$）、教育与义务教育阶段学校软件能力的交互项（$edu \times mjy\_ywr$）、教育与父辈教育观念的交互项（$edu \times mfb_2$）。$M_1$ 显示，学校基础设施条件与教育的交互项（$edu \times mjy_1\_6$）对创业绩效没有显著正向影响（$\beta = 0.019$，$p > 0.1$）；$M_2$ 显示，教育与义务教育阶段学校软件能力的交互项（$edu \times mjy\_ywr$）对创业绩效呈不显著影响（$\beta = 0.031$，$p > 0.1$）；$M_3$ 显示，教育与父辈教育观念的交互项（$edu \times mfb_2$）对创业绩效呈不显著影响（$\beta = 0.020$，$p > 0.1$）。以上结果说明，学历教育处于还未出社会的阶段，对于创业绩效的影响相比其他三个维度的影响略小，而义务教育阶段的学校硬件条件与软件能力、父辈教育观念也并没能强化教育对创业绩效的影响，故所有实证结果的交互项都不显著。

**表6.5　基于不同义务教育阶段硬件条件、软件能力和父辈教育观念下
教育对新生代移民创业绩效的影响**

| 变量类型 | 变量 | $M_1$ | $M_2$ | $M_3$ |
|---|---|---|---|---|
| 解释变量 | edu | 0.017<br>(0.016) | 0.017<br>(0.015) | 0.020<br>(0.022) |
| 调节变量 | $mjy_1\_6$ | 0.301 ***<br>(0.033) | | |
| | $mjy\_ywr$ | | 0.474 ***<br>(0.056) | |
| | $mfb_2$ | | | 0.109 **<br>(0.054) |

续表

| 变量类型 | 变量 | $M_1$ | $M_2$ | $M_3$ |
|---|---|---|---|---|
| 交互项 | $edu \times mjy_1\_6$ | 0.019<br>(0.015) | | |
| | $edu \times mjy\_ywr$ | | 0.031<br>(0.024) | |
| | $edu \times mfb_2$ | | | 0.020<br>(0.023) |
| | Cons | 1.079 ***<br>(0.356) | 0.772 **<br>(0.367) | 1.789 ***<br>(0.410) |
| $R^2$ | | 0.195 | 0.224 | 0.066 |
| F | | 14.790 *** | 11.940 *** | 4.117 *** |
| N | | 502 | 502 | 502 |

注：** 表示 $p < 0.05$；*** 表示 $p < 0.01$；括号内为标准误。

（2）基于制度环境与社区环境的视角。制度环境对商业模式三要素（市场定位、经营过程和利润模式）与创业企业绩效间关系均具有正向调节作用（郭韬等，2017）。另外，乡村社区组织自办企业而形成的以创业导向的非正式制度对创业绩效的正向刺激最为突出，优于经济嵌入和社会嵌入，同时，这种社区组织的非正式制度的作用在乡村创业中的作用更加突出（朱华晟等，2019）。基于此，将制度环境和社区环境作为人力资本对新生代移民创业绩效的异质性分析。

①培训。表6.6中 $M_1 \sim M_4$ 分别是在主效应检验基础上加入制度环境和社区环境因素与培训内容和培训强度的交互项。$M_1$ 显示，培训内容与制度环境的交互项（$tc \times mzd$）对创业绩效有显著正向影响（$\beta = 0.255$，$p < 0.05$）；$M_2$ 显示，培训内容与社区环境的交互项（$tc \times msq$）对创业绩效呈显著正向影响（$\beta = 0.246$，$p < 0.05$）；$M_3$ 显示，培训强度与制度环境的交互项（$it \times mzd$）对创业绩效呈显著正向影响（$\beta = 0.279$，$p < 0.01$）；$M_4$ 显示，培训强度与社区环境的交互项（$it \times msq$）对创业绩效呈显著正向影响（$\beta = 0.311$，$p < 0.01$）。

**表6.6　　　　基于不同制度环境和社区环境下培训对创业绩效的影响**

| 变量类型 | 变量 | $M_1$ | $M_2$ | $M_3$ | $M_4$ |
|---|---|---|---|---|---|
| 解释变量 | tc | 0.281 *** (0.066) | 0.293 *** (0.066) | | |
| | it | | | 0.366 *** (0.049) | 0.368 *** (0.050) |
| 调节变量 | mzd | 0.043 (0.054) | | −0.060 (0.047) | |
| | msq | | 0.053 (0.058) | | −0.124 ** (0.052) |
| 交互项 | tc × mzd | 0.255 ** (0.103) | | | |
| | tc × msq | | 0.246 ** (0.110) | | |
| | it × mzd | | | 0.279 *** (0.059) | |
| | it × msq | | | | 0.311 *** (0.056) |
| | Cons | 2.230 *** (0.305) | 2.186 *** (0.310) | 2.006 *** (0.271) | 2.149 *** (0.275) |
| $R^2$ | | 0.097 | 0.095 | 0.235 | 0.247 |
| F | | 6.071 *** | 5.965 *** | 15.55 *** | 15.89 *** |
| N | | 502 | 502 | 502 | 502 |

注：** 表示 $p < 0.05$；*** 表示 $p < 0.01$；括号内为标准误。

②工作经历。表6.7 中 $M_1 \sim M_8$ 是在主效应检验基础上加入制度环境（mzd）和社区环境（msq）与四个解释变量的交互项。$M_1$ 显示，打工经历与制度环境的交互项（we × mzd）对创业绩效有显著正向影响（β = 0.408，$p < 0.01$）；$M_2$ 显示，创业经历与制度环境的交互项（ee × mzd）对创业绩效呈显著正向影响（β = 0.333，$p < 0.01$）；$M_3$ 显示，培训强度与制度环境的交互项（me × mzd）对创业绩效呈显著正向影响（β = 0.512，$p < 0.01$）；$M_4$ 显示，培训强度与制度环境的交互项（rwe × mzd）对创业绩效呈显著正

向影响（β = 0.083，p < 0.01）；$M_5$ 显示，打工经历与社区环境的交互项（we × msq）对创业绩效有显著正向影响（β = 0.370，p < 0.01）；$M_6$ 显示，创业经历与社区环境的交互项（ee × msq）对创业绩效呈显著正向影响（β = 0.348，p < 0.01）；$M_7$ 显示，管理经历与社区环境的交互项（me × msq）对创业绩效呈显著正向影响（β = 0.495，p < 0.01）；$M_8$ 显示，工作经历丰富程度与社区环境的交互项（rwe × msq）对创业绩效没有影响（β = 0.070，p > 0.1），但未通过显著性检验，所以调节效应不显著。

表6.7 基于不同制度环境和社区环境下工作经历对创业绩效的影响

| 类型 | 变量 | $M_1$ | $M_2$ | $M_3$ | $M_4$ | $M_5$ | $M_6$ | $M_7$ | $M_8$ |
|---|---|---|---|---|---|---|---|---|---|
| 解释变量 | we | 0.555 *** (0.086) | | | | 0.558 *** (0.087) | | | |
| | ee | | 0.317 *** (0.066) | | | | 0.355 *** (0.065) | | |
| | me | | | 0.439 *** (0.077) | | | | 0.455 *** (0.079) | |
| | rwe | | | | 0.153 *** (0.037) | | | | 0.148 *** (0.037) |
| 调节变量 | mzd | 0.064 (0.048) | 0.071 (0.051) | 0.056 (0.048) | 0.030 (0.053) | | | | |
| | msq | | | | | 0.075 (0.051) | 0.102 ** (0.051) | 0.043 (0.051) | 0.045 (0.058) |
| 交互项 | we × mzd | 0.408 *** (0.117) | | | | | | | |
| | ee × mzd | | 0.333 *** (0.098) | | | | | | |
| | me × mzd | | | 0.512 *** (0.102) | | | | | |
| | rwe × mzd | | | | 0.083 ** (0.038) | | | | |
| | we × msq | | | | | 0.370 *** (0.127) | | | |

续表

| 类型 | 变量 | M₁ | M₂ | M₃ | M₄ | M₅ | M₆ | M₇ | M₈ |
|---|---|---|---|---|---|---|---|---|---|
| 交互项 | ee × msq | | | | | | 0. 348 ***<br>(0. 099) | | |
| | me × msq | | | | | | | 0. 495 ***<br>(0. 114) | |
| | rwe × msq | | | | | | | | 0. 070<br>(0. 046) |
| | Cons | 1. 781 ***<br>(0. 307) | 2. 288 ***<br>(0. 312) | 2. 250 ***<br>(0. 292) | 2. 076 ***<br>(0. 301) | 1. 762 ***<br>(0. 311) | 2. 197 ***<br>(0. 309) | 2. 280 ***<br>(0. 290) | 2. 056 ***<br>(0. 301) |
| | R² | 0. 119 | 0. 103 | 0. 161 | 0. 0785 | 0. 115 | 0. 108 | 0. 152 | 0. 0745 |
| | F | 7. 732 *** | 7. 077 *** | 8. 396 *** | 5. 248 *** | 7. 090 *** | 7. 326 *** | 8. 058 *** | 5. 249 *** |
| | N | 502 | 502 | 502 | 502 | 502 | 502 | 502 | 502 |

注：** 表示 $p < 0.05$；*** 表示 $p < 0.01$；括号内为标准误。

③健康状况。表 6.8 中分别是在主效应检验基础上加入制度环境（mzd）和社区环境（msq）与身体健康和心理健康状况的交互项。M₁ 显示，身体健康状况与制度环境的交互项（ph × mzd）对创业绩效有正向影响并具有显著性（$\beta = 0.197$，$p < 0.01$）；M₂ 显示，心理健康状况与制度环境的交互项（ph × mzd）对创业绩效有正向影响（$\beta = 0.165$，$p < 0.01$）；M₃ 显示，身体健康与社区环境的交互项（ph × msq）对创业绩效呈正向影响且通过显著性检验（$\beta = 0.121$，$p < 0.1$）；M₄ 显示，心理健康与社区环境的交互项（ph × msq）对创业绩效呈正向影响且通过显著性检验（$\beta = 0.179$，$p < 0.01$）。

表6.8　　基于不同制度环境和社区环境下健康状况对创业绩效的影响

| 类型 | 变量 | M₁ | M₂ | M₃ | M₄ |
|---|---|---|---|---|---|
| 解释变量 | ph | 0. 128 ***<br>(0. 043) | | 0. 160 ***<br>(0. 041) | |
| | mh | | 0. 309 ***<br>(0. 056) | | 0. 322 ***<br>(0. 057) |
| 调节变量 | mzd | 0. 029<br>(0. 051) | − 0. 062<br>(0. 055) | | |
| | msq | | | 0. 025<br>(0. 056) | − 0. 070<br>(0. 060) |

续表

| 类型 | 变量 | M₁ | M₂ | M₃ | M₄ |
|------|------|------|------|------|------|
| 交互项 | ph × mzd | 0. 197 *** <br>(0. 065) | | | |
| | mh × mzd | | 0. 165 *** <br>(0. 056) | | |
| | ph × msq | | | 0. 121 * <br>(0. 062) | |
| | mh × msq | | | | 0. 179 *** <br>(0. 063) |
| | Cons | 1. 936 *** <br>(0. 308) | 1. 643 *** <br>(0. 300) | 1. 901 *** <br>(0. 312) | 1. 649 *** <br>(0. 303) |
| R² | | 0. 099 | 0. 141 | 0. 085 | 0. 143 |
| F | | 5. 520 *** | 7. 381 *** | 4. 935 *** | 7. 277 *** |
| N | | 502 | 502 | 502 | 502 |

注：* 表示 p < 0. 10；*** 表示 p < 0. 01；括号内为标准误。

以上分析表明，完善的制度环境和社区环境可以有效地强化培训内容和培训强度对创业绩效的正向影响；完善的制度环境可以有效地强化打工经历、创业经历、管理经历和工作丰富程度对创业绩效的正向影响；完善的社区环境可以有效地强化打工经历、创业经历和管理经历对创业绩效的正向影响；良好的制度环境和社区环境下也可以有效地强化身体健康和心理健康对创业绩效的积极正向影响。除此之外，新生代移民将"搬迁就是要致富"这样一种宣传理念作为自己坚定的信念，制度环境和社区环境也鼓舞了新生代移民的发展意识，对其创业绩效还是具有一定的辅助作用。

## 6.2.3　人力资本影响新生代移民创业绩效影响的机制检验

（1）创业机会识别机制。拥有一定教育水平、培训经历、务工经历的创业者对创业信息和资源具有了辨识力，并形成一定的创业资金和技能储备，进而提高了创业机会识别能力和创业技能，在积累和运用资源、应对风险等方面具有明显优势（贺景霖，2019），所以，机会识别在创业经验、行业工作经验与生计绩效的影响关系中发挥了明显的中介作用，在创业经验与成长绩效的影响关系中起到了中介作用（杨科，2017）。基于此，本小节分别从教育、培训和工作经历三个维度进行创业机会识别的机制分析。

①教育。教育可以提升创业机会识别能力，从而提升创业能力、创业意愿、创业激情，三者的提升有助于促进创业行为的产生（邢滔，2019）。此外，于东平等（2021）和赵兴庐等（2017）通过研究认为，对机会的捕捉和占据是创新优势的重要来源，创业者最终实施的机会与原本察觉到的机会之间的差距越大，企业的创业绩效越高。因此，本节设置不含中介因子检验路径（1）、中介因子检验路径（2）以及含中介因子检验路径（3）来印证创业机会识别在教育（edu）对新生代移民创业绩效的影响中起到的中介效应。回归结果如表6.9所示。

表 6.9　　　　　　　　　　教育影响新生代移民创业绩效的路径

| 变量 | 创业机会识别路径 | | |
| --- | --- | --- | --- |
| | 不含中介因子 | 中介因子检验 | 含中介因子 |
| | $y_2$ | $zjh_2$ | $y_2$ |
| | （1） | （2） | （3） |
| edu | 0.040 ** | 0.050 *** | 0.018 * |
| | (0.0166) | (0.0081) | (0.0144) |
| $zjh_2$ | | | 0.451 *** |
| | | | (0.0342) |
| 控制变量 | 控制 | 控制 | 控制 |
| Constant | 1.948 *** | 2.240 *** | 0.0864 * |
| | (0.3790) | (0.4290) | (0.0687) |
| Adj. $R^2$ | 0.0344 | 0.0347 | 0.2845 |
| F | 3.55 *** | 3.58 *** | 25.90 *** |
| Observations | 502 | 502 | 502 |
| Sobel Z | 2.605 *** | | |
| Sobel Z 的 P 值 | 0.0091 | | |
| 中介效应 | 0.0225 | | |
| 中介效应占比（%） | 0.5600 | | |

注：* 表示 $p < 0.10$；** 表示 $p < 0.05$；*** 表示 $p < 0.01$；括号内为标准误。

表 6.9 第（1）~第（3）列是创业机会识别路径的检验结果。不加入中介因子的回归中，edu 的系数在 1% 水平上显著为正，即教育会提升新生代移民创业绩效；针对中介因子检验发现，edu 的系数依然显著，即新生代移民的教育对创业机会识别有显著增加作用；加入中介因子进行回归时发现，中介因子 $zjh_2$ 的系数在 1% 水平上显著为正，而 edu 的系数在 10% 水平上显著为正，并且 Sobel Z 的统计量显著（Sobel $Z_{edu}$ = 2.605，p < 0.01），说明了创业机会识别在教育对新生代移民创业绩效的影响中起到完全中介效应。

②培训。郭红东等（2013）认为，先前工作经验和先前培训经历不仅对创业机会识别有直接影响，而且还通过促进创业警觉性的提高，间接对创业机会识别产生作用；此外，创业机会识别还能在创业拼凑与社会企业绩效间具有中介作用（赵玲和田增瑞，2021）。因此，本节设置不含中介因子检验路径（1）、中介因子检验路径（2）以及含中介因子检验路径（3）来印证创业机会识别在培训内容（tc）、培训强度（it）对新生代移民创业绩效的影响中起到的中介效应进行检验。回归结果如表 6.10 和表 6.11 所示。

表 6.10　　　　培训内容影响新生代移民创业绩效的路径

| 变量 | 创业机会识别路径 | | |
| --- | --- | --- | --- |
| | 不含中介因子 | 中介因子检验 | 含中介因子 |
| | $y_2$ | $zjh_2$ | $y_2$ |
| | (1) | (2) | (3) |
| tc | 0.3063*** | 0.560*** | 0.056 |
| | (0.0701) | (0.0770) | (0.0644) |
| $zjh_2$ | | | 0.446*** |
| | | | (0.0357) |
| 控制变量 | 控制 | 控制 | 控制 |
| Constant | 2.357*** | 2.612*** | 1.192*** |
| | (0.2725) | (0.2991) | (0.2556) |
| Adj. $R^2$ | 0.0593 | 0.1157 | 0.2834 |
| F | 5.51*** | 10.36*** | 25.76*** |
| Observations | 502 | 502 | 502 |

续表

| 变量 | 创业机会识别路径 | | |
|---|---|---|---|
| | 不含中介因子 | 中介因子检验 | 含中介因子 |
| | $y_2$ | $zjh_2$ | $y_2$ |
| | （1） | （2） | （3） |
| Sobel Z | | 6.283 *** | |
| Sobel Z 的 P 值 | | 0.0000 | |
| 中介效应 | | 0.2499 | |
| 中介效应占比（%） | | 0.8158 | |

注：*** 表示 $p<0.01$；括号内为标准误。

**表 6.11　　　　培训强度影响新生代移民创业绩效的路径**

| 变量 | 创业机会识别路径 | | |
|---|---|---|---|
| | 不含中介因子 | 中介因子检验 | 含中介因子 |
| | $y_2$ | $zjh_2$ | $y_2$ |
| | （1） | （2） | （3） |
| it | 0.464 ***<br>(0.0464) | 0.504 ***<br>(0.0531) | 0.278 ***<br>(0.0458) |
| $zjh_2$ | | | 0.371 ***<br>(0.0356) |
| 控制变量 | 控制 | 控制 | 控制 |
| Constant | 1.629 ***<br>(0.2662) | 1.997 ***<br>(0.3044) | 0.889 ***<br>(0.2517) |
| Sobel Z | | 7.003 *** | |
| Sobel Z 的 P 值 | | 0.0000 | |
| 中介效应 | | 0.1867 | |
| 中介效应占比（%） | | 0.4016 | |

注：*** 表示 $p<0.01$；括号内为标准误。

表 6.10 和表 6.11 第（1）～第（3）列是创业机会识别路径的检验结果。不加入中介因子的回归中，tc 和 it 的系数在 1% 水平上显著为正，即培训内容和培训强度都会提升新生代移民创业绩效；针对中介因子检验发现，tc 和 it 的系数依然显著，即新生代移民的培训内容和培训强度对创业

机会识别均有显著增加作用；加入中介因子进行回归时发现，中介因子 $zjh_2$ 的系数和 tc 的系数在 1% 水平上显著为正，但中介因子 it 的系数不显著，说明仅有培训内容对新生代移民创业绩效有正向影响，并且 Sobel Z 的统计量均显著（Sobel $Z_{tc} = 6.283$，$p < 0.01$；Sobel $Z_{it} = 7.003$，$p < 0.01$）。因此，创业机会识别在培训内容对新生代移民创业绩效的影响中起到完全中介效应，创业机会识别在培训强度对新生代移民创业绩效的影响中起到部分中介效应。

③工作经历。谢觉萍和王云峰（2017）、陈梦妍等（2019）都提出创业机会识别对创业绩效有显著的正向影响，且创业机会识别的不同维度对创业绩效不同维度所产生的影响存在差异。因此，本节设置不含中介因子检验路径（1）、中介因子检验路径（2）以及含中介因子检验路径（3）来印证创业机会识别在工作经历〔打工经历（we）、创业经历（ee）、管理经历（me）和工作经历丰富程度（rwe）〕对新生代移民创业绩效的影响中起到的中介效应进行检验。回归结果如表 6.12~表 6.15 所示。

表 6.12　　　　　　　　打工经历影响新生代移民创业绩效的路径

| 变量 | 创业机会识别路径 | | |
| --- | --- | --- | --- |
| | 不含中介因子 | 中介因子检验 | 含中介因子 |
| | $y_2$ | $zjh_2$ | $y_2$ |
| | （1） | （2） | （3） |
| we | 0.583 *** | 0.367 *** | 0.424 *** |
| | (0.0952) | (0.1106) | (0.0833) |
| $zjh_2$ | | | 0.431 *** |
| | | | (0.0335) |
| 控制变量 | 控制 | 控制 | 控制 |
| Constant | 2.040 *** | 2.690 *** | 0.881 *** |
| | (0.2775) | (0.3226) | (0.2568) |
| Adj. $R^2$ | 0.0919 | 0.0424 | 0.3181 |
| F | 8.24 *** | 4.17 *** | 30.21 *** |
| Observations | 502 | 502 | 502 |
| Sobel Z | 3.217 *** | | |

续表

| 变量 | 创业机会识别路径 | | |
|---|---|---|---|
| | 不含中介因子 | 中介因子检验 | 含中介因子 |
| | $y_2$ | $zjh_2$ | $y_2$ |
| | (1) | (2) | (3) |
| Sobel Z 的 P 值 | 0.0013 | | |
| 中介效应 | 0.1583 | | |
| 中介效应占比（%） | 0.2717 | | |

注：*** 表示 p < 0.01；括号内为标准误。

**表 6.13　先前创业经历影响新生代移民创业绩效的路径**

| 变量 | 创业机会识别路径 | | |
|---|---|---|---|
| | 不含中介因子 | 中介因子检验 | 含中介因子 |
| | $y_2$ | $zjh_2$ | $y_2$ |
| | (1) | (2) | (3) |
| ee | 0.352 *** (0.0701) | 0.708 *** (0.0749) | 0.034 (0.0669) |
| $zjh_2$ | | | 0.448 *** (0.0369) |
| 控制变量 | 控制 | 控制 | 控制 |
| Constant | 2.510 *** (0.2661) | 2.875 *** (0.2845) | 1.220 *** (0.2568) |
| Adj. $R^2$ | 0.0703 | 0.1708 | 0.2826 |
| F | 6.42 *** | 15.75 *** | 25.67 *** |
| Observations | 502 | 502 | 502 |
| Sobel Z | 7.455 *** | | |
| Sobel Z 的 P 值 | 0.0000 | | |
| 中介效应 | 0.3177 | | |
| 中介效应占比（%） | 0.9031 | | |

注：*** 表示 p < 0.01；括号内为标准误。

**表 6.14　　　　　　管理经历影响新生代移民创业绩效的路径**

| 变量 | 创业机会识别路径 | | |
|---|---|---|---|
| | 不含中介因子 | 中介因子检验 | 含中介因子 |
| | $y_2$ | $zjh_2$ | $y_2$ |
| | (1) | (2) | (3) |
| me | 0.477*** | 0.732*** | 0.167** |
| | (0.0752) | (0.0822) | (0.0718) |
| $zjh_2$ | | | 0.424*** |
| | | | (0.0364) |
| 控制变量 | 控制 | 控制 | 控制 |
| Constant | 2.460*** | 2.838*** | 1.256*** |
| | (0.2626) | (0.2874) | (0.2548) |
| Adj. $R^2$ | 0.0968 | 0.1563 | 0.2900 |
| F | 8.67*** | 14.26*** | 26.58*** |
| Observations | 502 | 502 | 502 |
| Sobel Z | | 7.072*** | |
| Sobel Z 的 P 值 | | 0.0000 | |
| 中介效应 | | 0.3108 | |
| 中介效应占比（%） | | 0.6506 | |

注：** 表示 $p<0.05$；*** 表示 $p<0.01$；括号内为标准误。

**表 6.15　　　　工作经历丰富程度影响新生代移民创业绩效的路径**

| 变量 | 创业机会识别路径 | | |
|---|---|---|---|
| | 不含中介因子 | 中介因子检验 | 含中介因子 |
| | $y_2$ | $zjh_2$ | $y_2$ |
| | (1) | (2) | (3) |
| rwe | 0.144*** | 0.177*** | 0.066** |
| | (0.0297) | (0.0335) | (0.0266) |
| $zjh_2$ | | | 0.435*** |
| | | | (0.0347) |
| 控制变量 | 控制 | 控制 | 控制 |
| Constant | 2.244*** | 2.612*** | 1.106*** |
| | (0.2755) | (03110) | (0.2567) |

续表

| 变量 | 创业机会识别路径 | | |
|---|---|---|---|
| | 不含中介因子 | 中介因子检验 | 含中介因子 |
| | $y_2$ | $zjh_2$ | $y_2$ |
| | (1) | (2) | (3) |
| Adj. $R^2$ | 0.0670 | 0.0732 | 0.2912 |
| F | 6.14 | 6.65 *** | 26.73 *** |
| Observations | 502 | 502 | 502 |
| Sobel Z | 4.862 *** | | |
| Sobel Z 的 P 值 | 0.0000 | | |
| 中介效应 | 0.0772 | | |
| 中介效应占比（%） | 0.5370 | | |

注：** 表示 $p < 0.05$；*** 表示 $p < 0.01$；括号内为标准误。

表 6.12 ~ 表 6.15 第（1）~ 第（3）列是创业机会识别路径的检验结果。不加入中介因子的回归中，we、ee、me、rwe 的系数在 1% 水平上显著为正，即打工经历、先前打工经历、管理经历和工作丰富程度都会提升新生代移民创业绩效；针对中介因子检验发现，we、ee、me、rwe 的系数依然显著，即新生代移民的打工经历、先前打工经历、管理经历和工作丰富程度对创业机会识别均有显著增加作用；加入中介因子进行回归时，发现中介因子 $zjh_2$ 的系数和 we、ee、me、rwe 的系数均在 1% 水平上显著为正，说明创业机会识别、打工经历、先前打工经历、管理经历和工作丰富程度均对新生代移民创业绩效有正向影响，并且 Sobel Z 的统计量均显著（Sobel $Z_{we}$ = 3.217，$p < 0.01$；Sobel $Z_{ee}$ = 7.455，$p < 0.01$；Sobel $Z_{me}$ = 7.072，$p < 0.01$；Sobel $Z_{rwe}$ = 4.862，$p < 0.01$），因此，创业机会识别是部分中介路径，体现了创业机会识别在打工经历、先前打工经历、管理经历和工作丰富程度对新生代移民创业绩效的影响中都起到了部分中介效应。

（2）社会网络机制。已有研究表明，社会网络能够促进知识的共享和转移、实现创业者工作中的经验积累，进而影响企业绩效（蔡莉等，2010），其中，社会网络在培训对创业绩效的影响关系中是必要不充分条件，培训对拓宽社会网络有一定的提升作用，但是社会网络并不是提升培训对创业绩效的影响因素，对于后续的创业绩效提升没有强化作用。所以，本小节讨论社会网络的机制仅限于工作经历对创业绩效的影响。因此，设置不含中介因子检验路径（1）、中介因子检验路径（2）以及含中介因子检验路径（3）来印证社会网络在工作经历 [打工经历（we）、创业经历（ee）、管理经历（me）和工作经历丰富程度（rwe）] 对新生代移民创业绩效的影响中起到的中介效应进行检验。回归结果如表 6.16～表 6.19 所示。

**表 6.16** 打工经历影响新生代移民创业绩效的路径

| 变量 | 社会网络路径 | | |
| --- | --- | --- | --- |
| | 不含中介因子 | 中介因子检验 | 含中介因子 |
| | $y_2$ | zsh | $y_2$ |
| | (1) | (2) | (3) |
| we | 0.582 *** (0.0951) | 0.175 * (0.0936) | 0.511 *** (0.0876) |
| zsh | | | 0.405 *** (0.0419) |
| 控制变量 | 控制 | 控制 | 控制 |
| Constant | 2.040 *** (0.2775) | 2.437 *** (0.2730) | 1.051 *** (0.2745) |
| Adj. $R^2$ | 0.0919 | 0.0379 | 0.2348 |
| F | 8.24 *** | 3.82 *** | 20.21 *** |
| Observations | 502 | 502 | 502 |
| Sobel Z | | 1.833 * | |
| Sobel Z 的 P 值 | | 0.0667 | |
| 中介效应 | | 0.0708 | |
| 中介效应占比（%） | | 0.1216 | |

注：* 表示 $p < 0.10$；*** 表示 $p < 0.01$；括号内为标准误。

**表 6.17　　　　　先前创业经历影响新生代移民创业绩效的路径**

| 变量 | 社会网络路径 | | |
|---|---|---|---|
| | 不含中介因子 | 中介因子检验 | 含中介因子 |
| | $y_2$ | zsh | $y_2$ |
| | （1） | （2） | （3） |
| ee | 0.351 *** | 0.229 *** | 0.260 *** |
| | (0.0701) | (0.0676) | (0.0654) |
| zsh | | | 0.400 *** |
| | | | (0.0430) |
| 控制变量 | 控制 | 控制 | 控制 |
| Constant | 2.510 | 2.549 *** | 1.489 *** |
| | (0.2661) | (0.2567) | (0.2691) |
| Adj. $R^2$ | 0.0703 | 0.0531 | 0.2072 |
| F | 6.42 *** | 5.02 *** | 17.37 *** |
| Observations | 502 | 502 | 502 |
| Sobel Z | 3.182 *** | | |
| Sobel Z 的 P 值 | 0.0014 | | |
| 中介效应 | 0.0916 | | |
| 中介效应占比（%） | 0.2605 | | |

注：*** 表示 p < 0.01；括号内为标准误。

**表 6.18　　　　　管理经历影响新生代移民创业绩效的路径**

| 变量 | 社会网络路径 | | |
|---|---|---|---|
| | 不含中介因子 | 中介因子检验 | 含中介因子 |
| | $y_2$ | zsh | $y_2$ |
| | （1） | （2） | （3） |
| me | 0.477 *** | 0.285 *** | 0.367 *** |
| | (0.0751) | (0.0733) | (0.0707) |
| zsh | | | 0.387 *** |
| | | | (0.0427) |
| 控制变量 | 控制 | 控制 | 控制 |

续表

| 变量 | 社会网络路径 | | |
|---|---|---|---|
| | 不含中介因子 | 中介因子检验 | 含中介因子 |
| | $y_2$ | zsh | $y_2$ |
| | （1） | （2） | （3） |
| Constant | 2.460 \*\*\* <br> (0.2626) | 2.524 \*\*\* <br> (0.2560) | 1.481 \*\*\* <br> (0.2662) |
| Adj. $R^2$ | 0.0968 | 0.0600 | 0.2242 |
| F | 8.67 \*\*\* | 5.57 \*\*\* | 19.10 \*\*\* |
| Observations | 502 | 502 | 502 |
| Sobel Z | | 3.575 \*\*\* | |
| Sobel Z 的 P 值 | | 0.0003 | |
| 中介效应 | | 0.1105 | |
| 中介效应占比（%） | | 0.2314 | |

注：\*\*\* 表示 $p < 0.01$；括号内为标准误。

**表 6.19　　　工作经历丰富程度影响新生代移民创业绩效的路径**

| 变量 | 社会网络路径 | | |
|---|---|---|---|
| | 不含中介因子 | 中介因子检验 | 含中介因子 |
| | $y_2$ | zsh | $y_2$ |
| | （1） | （2） | （3） |
| rwe | 0.144 \*\*\* <br> (0.0297) | 0.115 \*\*\* <br> (0.0285) | 0.097 \*\*\* <br> (0.0280) |
| zsh | | | 0.398 \*\*\* <br> (0.0434) |
| 控制变量 | 控制 | 控制 | 控制 |
| Constant | 2.244 \*\*\* <br> (0.2755) | 2.324 \*\*\* <br> (0.2640) | 1.317 \*\*\* <br> (0.2742) |
| Adj. $R^2$ | 0.0791 | 0.0623 | 0.2016 |
| F | 6.14 \*\*\* | 5.76 \*\*\* | 16.81 \*\*\* |
| Observations | 502 | 502 | 502 |
| Sobel Z | | 3.708 \*\*\* | |

续表

| 变量 | 社会网络路径 | | |
|---|---|---|---|
| | 不含中介因子 | 中介因子检验 | 含中介因子 |
| | $y_2$ | zsh | $y_2$ |
| | (1) | (2) | (3) |
| Sobel Z 的 P 值 | 0.0002 | | |
| 中介效应 | 0.0461 | | |
| 中介效应占比（%） | 0.3205 | | |

注：＊＊＊ 表示 p < 0.01；括号内为标准误。

表 6.16 ~ 表 6.19 第（1）~ 第（3）列是社会网络路径的检验结果。不加入中介因子的回归中，we、ee、me、rwe 的系数均在 1% 水平上显著为正，即打工经历、先前打工经历、管理经历和工作丰富程度都会提升新生代移民的创业绩效；针对中介因子检验发现，we、ee、me、rwe 的系数依然显著，即新生代移民的打工经历、先前打工经历、管理经历和工作丰富程度对社会网络有显著正向影响；加入中介因子的回归中发现，中介因子 zsh 的系数和 we、ee、me、rwe 的系数均在 1% 水平上显著为正，说明社会网络、打工经历、先前打工经历、管理经历和工作丰富程度均对新生代移民创业绩效有正向影响，并且 Sobel Z 的统计量均显著（Sobel $Z_{we}$ = 1.833，p < 0.1；Sobel $Z_{ee}$ = 3.182，p < 0.01；Sobel $Z_{me}$ = 3.575，p < 0.01；Sobel $Z_{rwe}$ = 3.708，p < 0.01）。因此，社会网络是部分中介路径，体现了社会网络在打工经历、先前打工经历、管理经历和工作丰富程度对新生代移民创业绩效的影响中起到部分中介效应。

以上分析表明，创业机会识别在教育对新生代移民创业绩效的影响中起到完全中介效应；创业机会识别在培训内容对新生代移民创业绩效的影响中起到完全中介效应，创业机会识别在培训强度对新生代移民创业绩效的影响中起到部分中介效应；创业机会识别在打工经历、先前打工经历、管理经历和工作丰富程度对新生代移民创业绩效的影响中都起到了部分中介效应；社会网络在打工经历、先前打工经历、管理经历和工作丰富程度对新生代移民创业绩效的影响中起到部分中介效应。

综上所述，教育、培训、工作经历通过创业机会识别机制正向影响新生代移民创业绩效，工作经历通过社会网络机制正向影响新生代移民创业绩效。

### 6.2.4　稳健性检验

本章重点关注新生代移民人力资本与创业绩效的关系，所以本章用新生代移民的受教育年限（edu）来缩小样本量，把创业者的样本缩减为受教育年限为 9~15 年的新生代移民进行稳健性检验，详情如表 6.20 所示。教育、培训内容、培训强度、打工经历、创业经历、管理经历、工作丰富程度、身体健康和心理健康均对创业绩效有显著正向影响（$\alpha_{edu} = 0.030$，$p < 0.1$；$\alpha_{tc} = 0.274$，$p < 0.01$；$\alpha_{it} = 0.439$，$p < 0.01$；$\alpha_{we} = 0.074$，$p < 0.05$；$\alpha_{ee} = 0.445$，$p < 0.01$；$\alpha_{me} = 0.492$，$p < 0.01$；$\alpha_{rwe} = 0.223$，$p < 0.01$；$\alpha_{ph} = 0.176$，$p < 0.01$；$\alpha_{mh} = 0.305$，$p < 0.01$），且通过显著性检验。受教育年限为 9~15 年的新生代移民共 492 个样本，缩小研究样本后的检验结果和总体样本的实证结果基本一致，因此，回归模型的研究结果是稳健的。

表 6.20　　　　　　　　　　稳健性检验估计结果

| 类型 | 变量 | $M_1$ | $M_2$ | $M_3$ | $M_4$ | $M_5$ | $M_6$ | $M_7$ | $M_8$ | $M_9$ |
|---|---|---|---|---|---|---|---|---|---|---|
| 控制变量 | age | 0.009 (0.009) | 0.007 (0.008) | 0.006 (0.008) | 0.007 (0.009) | 0.007 (0.008) | 0.006 (0.008) | 0.004 (0.008) | 0.013 (0.081) | 0.009 (0.008) |
| | gender | 0.051 (0.088) | 0.054 (0.088) | 0.0247 (0.085) | 0.039 (0.088) | 0.036 (0.085) | 0.008 (0.086) | 0.020 (0.086) | 0.105 (0.082) | 0.118 (0.083) |
| | ms | 0.109* (0.087) | 0.131 (0.086) | 0.083 (0.085) | 0.116 (0.087) | 0.081* (0.084) | 0.102 (0.084) | 0.101 (0.085) | 0.034* (0.083) | 0.113 (0.064) |
| | time | -0.028 (0.090) | -0.010 (0.088) | -0.020 (0.085) | -0.019 (0.087) | 0.014 (0.086) | -0.039 (0.085) | -0.043 (0.088) | -0.031 (0.085) | -0.082 (0.095) |
| | business | 0.0416* (0.086) | 0.046 (0.085) | -0.012 (0.085) | 0.041 (0.147) | 0.072* (0.850) | 0.066 (0.084) | 0.212 (0.085) | 0.285 (0.084) | 0.327 (0.085) |
| | capital | 0.006* (0.064) | 0.007 (0.065) | 0.028 (0.068) | 0.008 (0.065) | 0.028 (0.062) | 0.014 (0.064) | 0.116* (0.622) | 0.124 (0.625) | 0.128 (0.080) |

续表

| 类型 | 变量 | $M_1$ | $M_2$ | $M_3$ | $M_4$ | $M_5$ | $M_6$ | $M_7$ | $M_8$ | $M_9$ |
|---|---|---|---|---|---|---|---|---|---|---|
| 解释变量 | edu | 0.030 * (0.019) | | | | | | | | |
| | tc | | 0.274 *** (0.081) | | | | | | | |
| | it | | | 0.439 *** (0.058) | | | | | | |
| | we | | | | 0.074 ** (0.125) | | | | | |
| | ee | | | | | 0.445 *** (0.080) | | | | |
| | me | | | | | | 0.492 *** (0.088) | | | |
| | rwe | | | | | | | 0.223 *** (0.046) | | |
| | ph | | | | | | | | 0.176 *** (0.048) | |
| | mh | | | | | | | | | 0.305 *** (0.058) |
| | Cons | 2.195 *** (0.466) | 2.531 *** (0.334) | 1.611 *** (0.362) | 2.591 *** (0.353) | 2.467 *** (0.31) | 2.420 *** (0.321) | 2.066 *** (0.350) | 2.097 *** (0.008) | 1.622 *** (0.389) |
| Adj. $R^2$ | | 0.005 | 0.037 | 0.126 | 0.009 | 0.085 | 0.093 | 0.068 | 0.047 | 0.088 |
| F | | 1.800 *** | 2.430 *** | 8.540 *** | 2.502 *** | 4.680 *** | 4.612 *** | 3.680 *** | 2.244 *** | 4.270 *** |
| N | | 492 | 492 | 492 | 492 | 492 | 492 | 492 | 492 | 492 |

注：* 表示 $p < 0.10$；*** 表示 $p < 0.01$；括号内为标准误。

## 6.2.5　实证结果汇总

本章实证结果见表 6.21，即新生代移民人力资本对创业绩效产生显著正向影响；创业机会识别在教育、培训内容和创业绩效中起完全中介作用，创业机会识别在培训强度、打工经历、创业经历、管理经历、工作丰富程度和创业绩效中起部分中介作用，社会网络在工作经历对创业绩效中起部分中介作用；制度环境和社区环境能强化培训、工作经历、健康状况对创业绩效的影响。

表6.21 实证结果汇总

| 类型 | 序号 | 假设内容 | 结果 |
|---|---|---|---|
| 基准回归检验 | H14 | 教育对新生代移民的创业绩效有正向影响 | 成立 |
| | H15 | 培训对新生代移民的创业绩效有正向影响 | 成立 |
| | H16 | 工作经历对新生代移民的创业绩效有正向影响 | 成立 |
| | H17 | 健康状况对新生代移民的创业绩效有正向影响 | 成立 |
| 异质性检验 | H18 | 制度环境越完善，人力资本对新生代移民创业绩效的正向影响越显著 | 成立 |
| | H19 | 社区环境越完善，人力资本对新生代移民创业绩效的正向影响越显著 | 成立 |
| 机制检验 | H20 | 教育通过创业机会识别机制正向影响新生代移民创业绩效 | 成立 |
| | H21 | 培训通过创业机会识别机制正向影响新生代移民创业绩效 | 成立 |
| | H22 | 工作经历通过创业机会识别机制正向影响新生代移民创业绩效 | 成立 |
| | H23 | 工作经历通过社会网络机制正向影响新生代移民创业绩效 | 成立 |

## 6.3　本章小结

本章实证检验了（教育、培训、工作经历和健康状况）对创业绩效的影响、机制和异质性，得出主要结论如下：

第一，新生代移民教育年限、培训内容、培训强度、打工经历、创业经历以及健康状况对创业绩效具有显著正相关的影响。

第二，义务教育阶段的学校硬件设施和软件能力的完善、父辈教育观念的重视并未提升教育对新生代移民创业绩效的正向影响；完善的制度环境和社区环境能够增强新生代移民培训对创业绩效的正向影响；完善的制度环境和社区环境可加强工作经历对创业绩效的正向影响；完善的制度环境和社区环境能强化新生代移民健康状况对创业绩效的正向影响。

第三，创业机会识别在教育、培训内容与创业绩效之间起完全中介作用；创业机会识别在培训强度、打工经历、创业经历和工作丰富程度与创业绩效之间起部分中介作用；社会网络在工作经历与新生代移民创业绩效之间起部分中介作用。

| 第 7 章 |

# 研究结论与政策建议

## 7.1　研究结论

### 7.1.1　三峡库区新生代移民人力资本与创业存在的主要问题

（1）人力资本现状：低速增长与整体水平偏低。通过对比 2018 年和 2020 年的调研数据可知，尽管新生代移民的人力资本有了一定的增长，但整体水平有待提高。新生代移民在创业前接受的培训多以政府提供的公共培训和就职前培训为主，内容缺乏针对性，培训频次不高且层次较低。

（2）人力资本层次结构的提升需求。由于搬迁的原因使移民群体的人力资本在一定程度上受到了削弱。此外，新生代移民在教育、培训、工作经历以及健康状况等方面的均值均处于较低水平。考虑到三峡库区新生代移民后续扶持工作、对口省市支援工作已在 2020 年告一段落，国家脱贫攻坚和政策扶持力度将逐渐回落。所以，现阶段提升新生代移民的人力资本层次结构显得尤为重要。

（3）创业者与非创业者的人力资本差异。调研数据显示新生代移民创业者在不同维度的人力资本水平普遍优于未创业者，这一差异进一步验证了人力资本对于创业成功的重要性。

（4）个体差异对创业决策的影响。不同个体、家庭特征及搬迁年限的新生代移民在人力资本上呈现出显著的差异。这些差异不仅体现在是否创业的选择上，还体现在打工经历、年龄、文化程度等多个方面。因此，在制定相关政策和提供创业支持时，应充分考虑这些个体差异，确保政策的针对性和有效性。

（5）社会排斥与创业动机的关联。调研样本76.5%的创业率隐藏着新生代移民创业者强烈的发展意识和对提升经济地位的渴望。当遭遇安置地现实或想象的社会排斥时，新生代移民更倾向于将提升自己的相对经济地位作为排他目标，这种迫切的愿望对其自主创业产生了强烈的刺激作用。因此，在推动新生代移民创业的过程中，政府应多关注社会中的排斥现象，为新生代移民群体创造一个更加公平、包容的创业环境。

## 7.1.2　人力资本对三峡库区新生代移民创业决策的影响

第一，新生代移民教育年限、培训、打工经历以及健康状况对创业决策具有显著正向影响，这表明在引导新生代移民作出创业决策时，可通过开展教育、提升教育质量、有针对性的创业培训、提升培训强度、关注其身体健康状况等方面均可促进其作出有效的创业决策。同时，给予有过打工经历、创业经历和管理经历的新生代移民更多关注和引导，也会促进其作出有效创业决策。

第二，义务教育阶段的学校硬件设施和软件能力的完善、父辈教育观念的重视都会进一步强化新生代移民受教育年限对创业决策的正向影响；制度环境和社区环境越完善，培训对新生代移民创业决策的正向影响越显著；完善的制度环境和社区环境并未增强工作经历对新生代移民创业决策的正向影响；完善的制度环境和社区环境并未增强新生代移民健康状况对创业决策的正向影响。

第三，创业机会识别在教育、培训内容、打工经历、创业经历和工作丰富程度与创业决策之间起部分中介作用，创业机会识别在培训强度与创业决策中起部分中介作用；社会网络在打工经历、创业经历、管理经历和工作丰富程度对新生代移民创业决策的影响之间起部分中介效应。

### 7.1.3　人力资本对三峡库区新生代移民创业绩效的影响

第一，新生代移民教育年限、培训内容、培训强度、打工经历、创业经历以及健康状况对创业绩效具有显著正相关的影响。

第二，义务教育阶段的学校硬件设施和软件能力的完善、父辈教育观念的重视并未提升教育对新生代移民创业绩效的正向影响；完善的制度环境和社区环境能够增强新生代移民培训对创业绩效的正向影响；完善的制度环境和社区环境可加强工作经历对创业绩效的正向影响；完善的制度环境和社区环境能强化新生代移民健康状况对创业绩效的正向影响。

第三，创业机会识别在教育、培训内容与创业绩效之间起完全中介作用；创业机会识别在培训强度、打工经历、创业经历和工作丰富程度与创业绩效之间起部分中介作用；社会网络在工作经历与新生代移民创业绩效之间起部分中介作用。

## 7.2　政策建议

### 7.2.1　做好促进三峡库区新生代移民创业发展的顶层设计

尽管政府移民管理机构已经撤销，但因事关移民经济的可持续发展，做好后三峡时代新生代移民创业发展工作仍是乡村振兴战略重点之一。具体而言，一是需要确立促进新生代移民创业发展的总体目标，既要有创业人口、发展项目的量化目标，也要有政策体系改革、完善、深化促进的定性目标。二是要高度重视新生代移民创业问题，把移民创业问题纳入国家与地方经济社会发展五年规划体系，把创业发展、乡村振兴以及政策设计等有机结合起来，制定好发展目标与举措。三是坚持问题导向、区分类别、定制举措、动态优化、评改结合的原则，有针对性地、深入地、有效地推进新生代移民的创业发展。四是必须尽快建立健全创业发展促进的政策体系，政策、制度的制定要体系化、配套化、科学化。五是出台的政策点的选择要基于新生代移民创业实践的需求，要利用大数据开展细化分析研究，力求在面上能产生最大的政策促进效应。六是要完善移民创业政策落实及反馈机制，政策、制度的执行实施要能落地、见实效，应有政策落实监控、动态调节、特殊情况应急、信息反馈、效果评估、持续改进等工作机制。七是大力发展多种类型的产业经济，为新生代移民创造更多的创业发展与就业机会。充分挖掘搬迁地和安置地的资源禀赋，发展地区资源优势性产业，如建立农民专业合作社、经济作物种植养殖园、农产品深加工基地、乡村振兴示范基地、农产品电商基地等；通过建立"产业基地""产业园区"为移民创业发展、对接项目、共享优势创造机会，如围绕第二产业的发展基础和优势，在原材料供应、零部件配套生产、传统机械制造、生产服务、包装、建筑等领域采取倾斜政策，鼓励创业发展，对于基础较好的创业者，鼓励其在新兴的高科技领域发展；围绕第三产业布局，在传统服务业、餐饮业、仓储运输、物流配送、电子商务、养老医疗、酒店旅游、交通运输、中介服务等领域创业发展；设置创业孵化园区，为移民创业开展综合服务等。

## 7.2.2　完善和优化新生代移民人力资本重构促进体系

第一，要保证公共教育资源的公平分配，切实重视内迁安置地、外迁安置地新生代移民及后代的受教育机会以及义务教育质量与学历教育工作。要与国家新时期乡村振兴工作同步进行，全面保证移民的受教育机会，引导移民家庭改变教育投资观念和倾向，保障其拥有受教育的家庭经济条件，必要时通过建立教育保障基金予以保证；要切实提高义务教育的质量，采取各种有效的倾斜政策，尽快增加教师数量，不断优化师生比，提升义务教育阶段教师的整体学历水平、班主任老师的学历水平与教学质量；学校教育要知识传授、能力培养和价值观引导并重；地方政府应通过各种途径，加大对教育的投资，加大重点项目、补缺项目教育拨款的力度，全面改善学校的教学设施设备，重视学校综合质量升级；开展定类、定向人才培养，职业教育、大学教育阶段要特别重视创新创业教育，不仅要注重职业能力教育与培养，更重要的是要在创新创业教育上引导学生学会创业研究、策划、实现路径、项目推进方法、经营技能、风险控制等。

第二，要在创新创业培训的理念、导向、层次、内容、方式方法上，建立专门组织机构或在有关机构设置专门班子专司培训，使创业培训开展更有针对性、有深度、有示范性。必须更新创业培训的理念和导向，建立组织与考核机制，确立以创业实践为主导的培训模式；应针对新生代移民群体及后代区分不同地域、不同年龄段、不同人群、不同创业阶段、不同创业问题需求，开展与需求对应的一般创业基础知识性培训、企业创立实操培训、政策与政府服务培训、创业实践环节专题性培训、问题导向性深度解决方案培训、创业示范性培训与案例研究，提高培训的需求匹配度、实践深度和现实吸引力；要保持和提升创业培训的强度，做到内容多元化、方式创新化、手段立体化、频率高密度、效果能落地，营造创新创业培训文化，形成舆论倾向。

第三，要充分发挥有打工经历、创业经历移民的经验与优势，鼓励他们大胆尝试创业发展，发挥示范带动作用。一是要鼓励新生代移民通过打工就业积累丰富的人力资本；二是对有打工经历的移民要开展引导性创业专门化培训，通过培训把实践经验变为创业基础积累，再由专门的指导机构、行业组织、实践专家开展创业咨询指导，引导和促进其迈出创业的第一步；三是针对有创业经历者大力开展政策鼓励，促进其发挥示范带动作用，推动其再创业、创新业、善决策、提绩效、促就业。

第四，要树立大健康理念，重视移民身心健康，提高移民总体健康水平。随着经济社会发展和进步，要充分重视移民的身心健康，完善全民医疗保障体系，全面提高移民健康水平；要提高移民应对经济社会发展新问题、新趋势的良好身心素质，提高移民发展事业的身心承受能力。

### 7.2.3　基于三峡库区新生代移民民情，针对性地推出创业促进政策

第一，要完善体系、布局政策。围绕移民搬迁安置地并结合当地的经济社会发展情况，从政策的系统化角度出发，结合乡村振兴与城镇化发展，彻底完善移民创业发展促进政策体系，如新创企业政策、中小微企业政策、全面的创业政策、细分的创业政策，具体将涉及中小微企业注册、资源利用和支持、政府服务、信息引导、资金融通、财政补贴、税收政策、创业基金、专业培训等方面。

第二，要区分情况、精准施策。对于特殊人群，可以区分情况推出特殊的发展促进政策。政府应区分安置地、特殊人群、创业发展阶段、特殊时期等，有针对性地因人、因地、因时、因情制定有一定边界的政策，加强政策的有效性、动态性，使得政策可以对新生代移民创业产生催化和促进作用。

第三，要以问题为导向，专推政策。对于创业准备期、创业初期、创业成长期、创业成熟期的不同阶段，创业者会面临诸多问题，政府应开展深入调研，提供以面上问题为导向的政策支持，及时解决问题，提高创业率，维护初创期企业成长，推动成长期企业发展，促进成熟期企业升级。例如，在资金问题方面，可以积极协调银行与新生代移民创业者的信用关系，从贷款额度、还贷时间、抵押物范围等方面放宽限制，加大信贷支持力度；加大政策性金融扶持力度，发挥小额担保贷款政策扶持作用，简化贷款申请程序，缩短申请周期；利用三峡库区新生代移民后期扶持资金建立新生代移民专项小额信贷担保基金；鼓励有实力的企业主为新生代移民创业提供担保，并设立相应的激励制度，对担保金额达到一定额度的企业实行税收优惠；适当扩大国家信贷扶持政策的范围等。

第四，要增加职能、延伸政策。政府应为新生代移民的创业经营活动提供配套服务，例如，建立创业信息发布平台，及时发布创业与市场信息；公

布各项行政审批程序和办事指南；提供法律、法规、政策咨询；及时受理、解答创业者问题等。

第五，要加强评改、优化政策。通过科学规划，形成政策管理循环体系，开展不同阶段的政策绩效评价与改进工作，构建政策动态优化机制。

## 7.2.4 加强社区文化建设，营造浓郁创业文化

社区环境也是影响新生代移民创业的重要调节性因素，采取多种举措优化社区环境很有必要。具体可从以下方面加强社区环境建设：一是加强移民社区或者乡镇村落遵纪守法，创造良好的生活环境，特别是应加强对易地搬迁新生代移民的关怀和帮扶；二是政府主导、社区推动，树立创业新生代移民创业成功的典型，倡导重商崇商的致富发展观念，发挥创业典型带动示范效应，形成浓郁的社区创业发展氛围；三是强化社会责任，积极投身创业，带动邻里就业，提高收入水平与生活品质；四是完善社区综合服务，加强互帮互助，特别是在其创业筹备、企业初创、创业成长期和创业遇到困难时，居民之间可以在人力资源、资金筹措、技术支持、营销渠道、物流运输与配送、经营技能、公共关系、信息共享等方面进行互助。

## 7.2.5 利用行业管理机构、商会协会学会推广和帮扶创业

政府可以充分发挥工商联（总商会）、各地商会、各行业商会，以及相关行业协会、学会等群体组织的作用，面向移民群体开展创业培训、项目招商、项目合作、信息交流，利用产业配套式、供应链、市场互补性等进行合作对接，促进新生代移民创业发展。

政府倡导、专家指导、中小微企业家协同、多方扶持，创建移民创业协会或联盟组织，为新生代移民创业发展提供综合交流平台，通过定期或不定期地开展经营技能讲座、打工创业经历交流、创业案例研讨示范、专家咨询服务、市场信息共享活动等，以商促商、以商引商、商机分享、联盟合作；

加强新生代移民、新老移民创业者之间的合作；拓展移民与非移民创业之间的交流、协同与商业合作，如通过合伙制、众筹制、投资基金等开展资金拆借，还可以考虑给新生代移民之间同质性较高的经营项目申请共同品牌，树立品牌优势，实现规模效益。

## 7.3　研究局限与展望

（1）对三峡库区新生代移民人力资本状况在外迁和内迁安置中所处的状态、发展阶段及对其创业的影响等研究还应该进一步深入。由于内迁、外迁移民迁移后所处经济文化地域差异，导致原有人力资本积累受到不同程度的影响；外迁移民受到的环境影响变化相对更大，其人力资本积累、发展，甚至重构对于创业发展都将至关重要；外迁移民面临的经济社会发展环境会发生较大的变化，新生代移民在融入当地社会文化环境、适应当地市场方面也会面临诸多困难，这对其人力资本重构以及对创业发展影响领域的深入研究，以及与内迁新生代移民人力资本重构的比较研究具有较深的学术价值。

（2）人力资本对三峡库区新生代移民创业的影响研究是三峡库区移民安稳致富国家战略的重要组成部分，它需要在未来的研究中密切结合乡村振兴战略，从而作出进一步的拓展和深挖。在三峡库区特殊的库情、民情背景下，新生代移民的生活正在发生深刻变化，不同发展时期将会呈现出不同的特点，持续的跟踪研究对三峡库区新生代移民创业更有价值。不同年龄段新生代移民人力资本对创业影响、不同安置方式下人力资本对新生代移民创业影响、新生代移民人力资本对创业的类型影响等都需进一步的持续性追踪研究。

总之，本书对未来的深化研究充满期待。尤其是近几年来，国家持续加强乡村振兴建设，充分展现了引导居民创新创业和巩固脱贫攻坚的成果，建立了解决相对贫困的长效机制。在此基础上，政府利用大数据平台通过可视化分析、机器学习、深度学习和云计算等现代研究方法为开展新生代移民信息挖掘和新变量指标的科学测度带来了新的变化和可能性，有利于揭示更为复杂与真实的移民创业困境，实现共同富裕。传统库区移民理论如何借助大数据时代的技术和理念重新获得应有的解释力和现实指导力，是实现自主创新、公共服务的一体化发展和文化建设的助推器。

# 参考文献

[1] 百问三峡编委会.《百问三峡》[M]. 北京：科学普及出版社，2012.

[2] 贝克尔 G. S，Beeker G. S. 人力资本：特别是关于教育的理论与经验分析 [M]. 北京：北京大学出版社，1987.

[3] 蔡莉，崔启国，史琳. 创业环境研究框架 [J]. 吉林大学社会科学学报，2007（1）：50－56.

[4] 蔡莉，单标安，刘钊，等. 创业网络对新企业绩效的影响研究——组织学习的中介作用 [J]. 科学学研究，2010，28（10）：1592－1600.

[5] 蔡莉，费宇鹏，朱秀梅. 基于流程视角的创业研究框架构建 [J]. 管理科学学报，2006（1）：86－96.

[6] 蔡晓珊，陈和. 人力资本密集型企业创业环境研究：基于异质性环境要素的视角 [J]. 广东财经大学学报，2014.

[7] 柴时军. 社会网络与家庭创业决策——来自中国家庭追踪调查的经验证据 [J]. 云南财经大学学报，2017，33（6）：111－122.

[8] 陈德仙，黄中伟. 制度环境三维度及其交互作用对家庭农场创业绩效？的影响研究 [J]. 农业现代化研究，2018，39（5）：780－788.

[9] 陈刚. 管制与创业——来自中国的微观证据 [J]. 管理世界，2015（5）：89－99.

[10] 陈梦妍，刘静，马红玉，等. 新生代农民工心理特征、创业机会识别

对创业绩效的影响研究 [J]. 四川文理学院学报, 2019, 29 (2): 103 - 110.

[11] 陈万明, 董莉, 田垭楠, 等. 新生代农民工社会网络对创业动机的影响研究 [J]. 数学的实践与认识, 2021, 51 (4): 1 - 12.

[12] 陈震红, 董俊武. 创业机会的识别过程研究 [J]. 科技管理研究, 2015 (2): 133 - 136.

[13] 陈子薇, 许佳君. 水库移民创业情况的调查与思考——以衢州市水库移民为例 [J]. 水利经济, 2017 (1): 70 - 74.

[14] 程承坪, 魏明侠. 企业家人力资本开发 [M]. 北京: 经济管理出版社, 2002.

[15] 程聪. 创业者心理特征与创业绩效: 混合模型的检验 [J]. 科研管理, 2015, 36 (10): 85 - 93.

[16] 程名望, Jin Yanhong, 盖庆恩, 等. 中国农户收入不平等及其决定因素——基于微观农户数据的回归分解 [J]. 经济学 (季刊), 2016, 15 (2): 22.

[17] 池仁勇. 美日创业环境比较研究 [J]. 外国经济与管理, 2002 (9): 13 - 19, 49.

[18] 辞海 [Z]. 上海: 上海辞书出版社, 1989.

[19] [日] 村上直树. 农村地区工业化与人力资本的作用——以河南省回乡创业为例 [J]. 河南大学学报 (社会科学版), 2011 (2).

[20] 邓婉婷, 岳胜男, 沙小晃. 新生代农民工创业意向调查实践报告 [J]. 学理论, 2011 (18): 108.

[21] 董晓林, 戴月, 朱晨露. 金融素养对家庭借贷决策的影响——基于 CHFS2013 的实证分析 [J], 东南大学学报 (哲学社会科学版), 2019 (3).

[22] 段利民, 杜跃平. 创业环境对大学生创业意愿的影响: 兼对 GEM 模型的再检验 [J]. 技术经济, 2012, 31 (10): 64 - 70, 97.

[23] 范如国, 李星. 三峡库区移民人力资本因素与劳动报酬收入关系的实证研究 [J]. 技术经济, 2011 (2): 81 - 87.

[24] 方舟. 创业者网络能力对新创企业创业绩效的影响——基于创业

机会识别的中介效应 [J]. 中国管理信息化，2021，24（9）：146－147.

[25] 冯子标. 人力资本运营论 [M]. 北京：经济科学出版社，2000.

[26] 高建. 全球创业观察中国报告（2007）——创业转型与就业效应 [M]. 北京：清华大学出版社，2008.

[27] 高静，夏忠慧. 公司创业、动态能力对组织绩效的影响探讨——基于环境的调节作用 [J]. 现代商贸工业，2012（22）：21－22.

[28] 高龙政. 创业教育、创业机会识别能力对大学生创业意愿的影响研究 [D]. 成都：电子科技大学，2018.

[29] 葛宝山，滕星均，柳燕. 基于组织绩效视角的创业绩效理论研究 [J]. 管理现代化，2009（2）：3.

[30] 龚军姣. 创业活跃区农民人力资本与心理特征对创业决策的影响 [J]，经济纵横，2011（12）.

[31] 顾明远. 教育大辞典 [M]. 上海：上海教育出版社，1998.

[32] 郭铖，何安华. 培训对农民涉农创业绩效的影响——考虑创业者人力资本禀赋调节效应的实证研究 [J]. 农业经济与管理，2019（1）：84－91.

[33] 郭红东，周惠珺. 先前经验、创业警觉与农民创业机会识别——一个中介效应模型及其启示 [J]. 浙江大学学报（人文社会科学版），2013，43（4）：17－27.

[34] 郭淑芬. 心理健康教育促进大学生创新创业发展的思考 [J]. 创新创业理论研究与实践，2018，1（17）：111－112.

[35] 郭韬，任雪娇，邵云飞. 制度环境对创业企业绩效的影响：商业模式的视角 [J]. 预测，2017，36（6）：16－22.

[36] 韩振燕. 水库移民迁移前后人力资本变化实证分析——温州珊溪水库移民案例研究 [J]. 技术经济，2006（3）：49－53.

[37] 郝朝艳，平新乔，张海洋，等. 农户的创业选择及其影响因素——来自农村金融调查的证据 [J]. 中国农村经济，2012（4）：57－65，95.

[38] 何家军，闫晨，樊连生，等. 三峡库区移民人力资本与区域经济发展研究——基于 A 县实证研究 [J]. 当代经济，2020（1）：29－34.

［39］何家军，张峻豪．水利水电移民人力资本积累的影响因素及其结构解析——基于三峡工程湖北库区的实证［J］．生产力研究，2013（12）：59－74．

［40］何思好，黄婉婷，曾维忠．场域视角下水库移民人力资本、社会资本的重建［J］．农村经济，2019（10）：27－54．

［41］胡江霞，文传浩．人力资本、社会网络与移民创业绩效——基于三峡库区的调研数据［J］．软科学，2016（3）：36－40．

［42］胡静，杨云彦．大型工程非自愿移民的人力资本失灵——对南水北调中线工程的实证分析［J］．经济评论，2009（4）：75－81．

［43］胡瑞，王丽．大学生创业激情和创造力对创业意向的影响机制——基于风险倾向调节效应的实证研究［J］．创新与创业教育，2019，10（3）：43－48．

［44］胡霞．创业经历对已工作人群创业机会识别的影响差异分析［J］．产业与科技论坛，2017，16（2）：100－102．

［45］黄兆信，吴新慧，钟卫东．新生代农民工创业的现状与对策研究——基于多个城市的实证调查［J］．江西社会科学，2012（9）：231－235．

［46］加里·贝克尔．人力资本［M］．北京：北京大学出版社，1986．

［47］蒋剑勇，钱文荣，郭红东．社会网络、先前经验与农民创业决策［J］．农业技术经济，2014（2）：17－25．

［48］靳丽遥，张超，宋帅．先前经验、信息资源、政策环境与创业机会识别——基于三峡库区移民创业者的调研分析［J］．西部论坛，2018，28（4）：116－124．

［49］匡远凤．人力资本、乡村要素流动与农民工回乡创业意愿——基于熊彼特创新视角的研究［J］．经济管理，2018（1）．

［50］李建泽．社会网络对农民工返乡创业决策的影响研究［D］．福州：福建农林大学，2020．

［51］李俊．人力资本与农民工城市创业绩效［J］．华南农业大学学报（社会科学版），2018（6）：42－51．

［52］李乾文．创业导向与企业绩效的转化路径分析［J］．统计与决策，2009（1）：174－175．

［53］李雪灵，马文杰，任月峰，等．转型经济下我国创业制度环境变迁的实证研究［J］．管理工程学报，2011，25（4）：186－190．

［54］李怡欣，赵文红，张文伟．初创企业创业学习对绩效的影响：创业决策逻辑的调节作用［J］．科学学与科学技术管理，2019，40（10）：84－96．

［55］李长安，苏丽锋．人力资本对创业活动的影响——基于2003～2011年数据的实证分析［J］．清华大学教育研究，2013，34（2）：81－86，101．

［56］李志飞．中国水库移民旅游创业意向及其影响因素研究［J］．旅游研究，2016，8（4）：33－39．

［57］李忠民，赵参．企业家人力资本形成分析［J］．当代财经，2007（8）：70－73．

［58］李忠民．人力资本：一个理论框架及其对中国一些问题的解释［M］．北京：经济科学出版社，1999．

［59］廉晓梅．创业投资中的人力资本管理及启示［J］．人口学刊，2003（5）：4．

［60］林娣．新生代农民工市民化的人力资本困境［J］．东北师大学报（哲学社会科学版），2014（2）：215－217．

［61］林斐．对安徽省百名"打工"农民回乡创办企业的问卷调查及分析［J］．中国农村经济，2002（3）：72－76．

［62］林龙飞，陈传波．外出创业经历有助于提升返乡创业绩效吗［J］．现代经济探讨，2019（9）：101－107．

［63］林强，姜彦福，张健．创业理论及其架构分析［J］．经济研究，2001（9）：85－94．

［64］林嵩，贾贺棋，李静．创业者健康研究：现状分析及未来展望［J］．华东经济管理，2020，34（12）：118－128．

［65］林嵩，张帏，姜彦福．创业战略的选择：维度、影响因素和研究框架［J］．科学学研究，2006（1）：79－84．

［66］刘方龙，吴能全．"就业难"背景下的企业人力资本影响机制——基于人力资本红利的多案例研究［J］．管理世界，2013（12）：151 – 165．

［67］刘会聪．基于场域惯习论的移民人力资本重构研究——以丹江口水库丹阳村外迁移民为例［J］．湖北农业科学，2018（4）：130 – 136．

［68］刘佳，李新春．模仿还是创新：创业机会开发与创业绩效的实证研究［J］．南方经济，2013，31（10）：20 – 32．

［69］刘剑雄．企业家人力资本与中国私营企业制度选择和创新［J］．经济研究，2008（6）：107 – 118．

［70］刘美玉．创业动机、创业资源与创业模式：基于新生代农民工创业的实证研究［J］．宏观经济研究，2013（5）：62 – 70．

［71］刘鹏程，李磊，王小洁．企业家精神的性别差异——基于创业动机视角的研究［J］．管理世界，2013（8）：126 – 135．

［72］刘善仕，孙博，葛淳棉，等．人力资本社会网络与企业创新——基于在线简历数据的实证研究［J］．管理世界，2017（7）：94 – 104，125，194．

［73］刘万利，胡培，许昆鹏．创业机会识别与创业意愿关系研究——基于感知风险的中介效应研究［J］．世界科技研究与发展，2011，33（6）：1056 – 1059．

［74］刘万利，胡培，许昆鹏．创业机会真能促进创业意愿产生吗——基于创业自我效能与感知风险的混合效应研究［J］．南开管理评论，2011，14（5）：83 – 90．

［75］刘万利，胡培，许昆鹏．主动性人格能促进创业者产生创业意愿么？——基于创业机会识别的中介效应［J］．世界科技研究与发展，2011，33（4）：708 – 713．

［76］刘小元，蓝子淇，葛建新．机会共创行为对社会企业成长的影响研究——企业资源的调节作用［J］．研究与发展管理，2019，31（1）：21 – 32．

［77］刘新智，刘雨松．外出务工经历对农户创业行为决策的影响——基于518份农户创业调查的实证分析［J］．农业技术经济，2015（6）：4 – 14．

［78］刘宇娜．创业意愿对创业行为的作用机制模型研究［J］．中小企

业管理与科技（中旬刊），2018，557（11）：111－112.

［79］刘志军．水库移民的灰色经营及其行动逻辑分析——基于杭州三峡移民的研究［J］．西南民族大学学报（人文社科版），2015，36（9）：11－16.

［80］陆谷孙．英汉大词典［Z］．上海：上海译文出版社，1993.

［81］吕莉敏．返乡创业农民工人力资本提升的职业培训路径选择［J］．中国职业技术教育，2020（12）：45－52.

［82］马红玉，陈梦妍，夏显力．社会资本、心理特征与新生代农民工创业绩效［J］．科研管理，2020，41（11）：193－201.

［83］马鸿佳，董保宝，葛宝山．资源整合过程、能力与企业绩效关系研究［J］．吉林大学社会科学学报，2011，51（4）：71－78.

［84］毛丰付，白云浩，张淼．落脚于城市：商贸移民如何进入自雇创业领域［J］．贵州财经大学学报，2016（2）：62－70.

［85］苗琦，鲍越，刘鹰．人力资本与技术资本对我国海归创业意向影响［J］，科学学研究，2015（7）.

［86］苗青．创业决策形成的微观机制：因果模型检验［J］．科学学研究，2009，27（3）：430－434.

［87］倪艳，秦臻，袁诗涵．外出务工经历、风险承受能力对农民创业绩效的影响研究——基于 DEA－Tobit 模型的实证分析［J］．科技创业月刊，2020，33（6）：128－133.

［88］戚迪明，刘玉侠．人力资本、政策获取与返乡农民工创业绩效——基于浙江的调查［J，浙江学刊，2018（2）.

［89］戚湧，饶卓．社交指数、风险倾向与创业——制度环境的调节作用［J］．科技进步与对策，2017（1）：7－14.

［90］钱波，朱晋伟．江苏高职院校大学生创业机会识别中介作用研究［J］．江苏经贸职业技术学院学报，2018（5）：60－63.

［91］钱海燕，张骁，杨忠．横向，纵向社会资本与中小企业国际化绩效：组织创新的调节作用［J］．经济科学，2010（3）：12.

［92］钱思，骆南峰，刘伊琳，等．创业者如何提升企业创业绩效：靠人

力资本还是社会资本？［J］．中国人力资源开发，2018，35（7）：159－169.

［93］秦芳，李晓，吴雨．省外务工经历、家庭创业决策及机制分析［J］，当代经济科学，2018（4）.

［94］任燕．团队创业认知对创业决策的影响［D］．杭州：浙江大学，2012.

［95］商德钟，何雪松，刘伟，等．移民的社会资本与移民发展：以移居江西周村的新安江水库移民为例［J］．水利经济，2010（4）：66－71.

［96］沈超红，欧阳苏腾．国内创业环境研究综述［J］．企业技术开发，2004（9）：31－32.

［97］石智雷，杨云彦，田艳平．非自愿移民经济再发展：基于人力资本的分析［J］．中国软科学，2011（3）：115－127.

［98］史俊宏，赵立娟．非自愿迁移人口生计转型困境及发展能力提高策略研究［J］．农业现代化研究，2015，36（4）：603－609.

［99］舒尔茨，吴珠华．论人力资本投资［M］．北京：北京经济学院出版社，1990.

［100］宋立扬，王雨林，郑小强．返乡农民工参与创业培训意愿及影响因素分析［J］．农村经济与科技，2020，31（15）：230－232，240.

［101］宋清华．大学生创业意向理论模型的建构——创业机会识别的中介作用［J］．教育教学论坛，2016（2）：36－37.

［102］孙反．个体信息能力对创业意向的影响研究［D］．成都：西南财经大学，2019.

［103］孙萌，台航．基础教育的财政投入与人力资本结构的优化——基于CHIP数据和县级数据的考察［J］．中国经济问题，2018，310（5）：70－87.

［104］孙泽建，刘志军．三峡外迁沿海地区农村移民创业经营的现状——对浙江安置区首批移民的调查与思考［J］．广西民族大学学报（哲学社会科学版），2014，36（5）：124－129.

［105］田贵平．物流经济学［M］．北京：机械工业出版社，2007.

［106］汪三贵，刘湘琳，史识洁，等．人力资本和社会资本对返乡农民

工创业的影响 [J]. 农业技术经济, 2010 (12): 4 – 10.

[107] 汪忠, 严毅, 李姣. 创业者经验、机会识别和社会企业绩效的关系研究 [J]. 中国地质大学学报（社会科学版）, 2019, 19 (2): 138 – 146.

[108] 王沛沛, 许佳君. 水库移民创业的困境与对策 [J]. 水利发展研究, 2012 (1): 51 – 55.

[109] 王鑫. 内蒙古创业者人力资本与创业机会识别关系研究 [D]. 呼和浩特: 内蒙古工业大学, 2018.

[110] 王轶, 熊文, 黄先开. 人力资本与劳动力返乡创业 [J]. 东岳论丛, 2020, 41 (3): 14 – 28.

[111] 王有松. 基于创业制度环境一致条件下"社会关系"对创业活动的影响研究 [D]. 厦门: 厦门大学, 2009.

[112] 魏臻, 崔祥民. 创业者人力资本路径依赖性研究 [J]. 科技创业月刊, 2013, 26 (3): 21 – 23, 26.

[113] 温瑜, 陈泽辉, 谭晓铃, 等. 社会资本与创新培训对返乡农民工创业绩效的研究 [J]. 管理观察, 2020 (9): 47 – 48, 51.

[114] 吴绍玉, 王栋, 汪波, 等. 创业社会网络对再创业绩效的作用路径研究 [J]. 科学学研究, 2016.

[115] 吴耀昌. 创业者生理心理因素对创业绩效的影响——实证研究 [D]. 苏州: 苏州大学, 2016.

[116] 西奥多·舒尔茨. 论人力资本投资 [M]. 北京: 北京经济学院出版社, 1992.

[117] 夏锦春. 高校大学生社会网络对创业意愿影响研究 [D]. 合肥: 合肥工业大学, 2019.

[118] 项国鹏, 潘凯凌, 张文满. 网络关系、创业机会识别与创业决策——基于浙江新创企业的实证研究 [J]. 科技管理研究, 2018, 38 (22): 169 – 177.

[119] 谢洪明, 刘常勇, 陈春辉. 市场导向与组织绩效的关系: 组织学习与创新的影响——珠三角地区企业的实证研究 [J]. 管理世界, 2006 (2):

80 - 94，143，171 - 172.

[120] 谢觉萍，王云峰．创业机会识别对创业绩效影响的实证研究 [J]．技术经济与管理研究，2017 (3)：37 - 42.

[121] 谢勇，杨倩．外出务工经历、创业行为与创业绩效 [J]．经济评论，2020 (1)：146 - 160.

[122] 邢滔．基于提升创业机会识别能力的创新创业基础教育核心探究 [J]．文化创新比较研究，2019，3 (22)：103 - 104，164.

[123] 徐超，吴玲萍，孙文平．外出务工经历、社会资本与返乡农民工创业——来自 CHIPS 数据的证据 [J]．财经研究，2017，43 (12)：30 - 44.

[124] 许昆鹏，杨蕊．农民创业决策影响机制研究——基于创业者资源禀赋视角 [J]．技术经济与管理研究，2013 (3)：40 - 44.

[125] 薛永基，芦雪瞒．社会资本影响林区农户创业绩效的实证研究——知识溢出的中介效应 [J]．农业技术经济，2015 (12)：69 - 77.

[126] 亚当·斯密．国富论 [M]．杨敬年，译．北京：商务印书馆出版社，1972.

[127] 闫华飞，蒋鸽．创业学习对机会识别与开发的影响研究：创业自我效能的中介作用 [J]．科技与经济，2019，32 (1)：71 - 75.

[128] 杨晶，丁士军，邓大松．人力资本、社会资本对失地农民个体收入不平等的影响研究 [J]．中国人口·资源与环境，2019，29 (3)：150 - 160.

[129] 杨隽萍，唐鲁滨，于晓宇．创业网络、创业学习与新创企业成长 [J]．管理评论，2013，25 (1)：24 - 33.

[130] 杨隽萍，包诗芸，陈佩佩．创业团队异质性对机会识别的影响——社会网络的中介作用 [J]．浙江理工大学学报（社会科学版），2019，42 (4)：337 - 343.

[131] 杨其静，王宇锋．个人禀赋、制度环境与创业决策：一个实证研究 [J]．经济理论与经济管理，2010 (1).

[132] 杨孝良，王崇举，熊遥．三峡库区移民创业决策的影响因素研究 [J]．农村经济，2015 (9)：120 - 124.

［133］杨云彦，黄瑞芹，胡静，等．社会变迁、介入型贫困与能力再造［M］．北京：中国社会科学出版社，2008．

［134］叶依广，刘志忠．创业环境的内涵与评价指标体系探讨［J］．南京社会科学，2004（2）：228－232．

［135］于东平，王敬菲，陶文星．管理者创造力与组织绩效：创新机会识别的中介作用与积极情绪的调节作用［J］．科技进步与对策：2021，22（5）：13－16．

［136］余嘉璐，詹安琪，李欠强．创业教育对大学生创业意愿的影响研究——创业自我效能与社会网络链式的中介作用［J］．科技创业月刊，2020，33（9）：132－136．

［137］余文学，高渭文，张云．水库移民问题社会经济分析［J］．河海大学学报（哲学社会科学版），2000，2（4）：1－5．

［138］袁卫，吴翌琳，张延松，等．中国城市创业指数编制与测算研究［J］．中国人民大学学报，2016，30（5）：73－85．

［139］展进涛，黄宏伟．农村劳动力外出务工及其工资水平的决定：正规教育还是技能培训？——基于江苏金湖农户微观数据的实证分析［J］．中国农村观察，2016（2）：55－67，96．

［140］张博，胡金焱，范辰辰．社会网络、信息获取与家庭创业收入——基于中国城乡差异视角的实证研究［J］．经济评论，2015（2）：52－67．

［141］张凤林．人力资本理论及其应用研究［C］．辽宁省哲学社会科学获奖成果汇编［2007~2008年度］．东北财经大学经济学院，2010：6．

［142］张广胜，柳延恒．人力资本、社会资本对新生代农民工创业型就业的影响研究——基于辽宁省三类城市的考察［J］．农业技术经济，2014（6）：4－13．

［143］张文贤．人力资源总监：人力资源管理创新［M］．上海：复旦大学出版社，2012．

［144］张鑫，谢家智，张明．打工经历、社会资本与农民初创企业绩效［J］．软科学，2015，29（4）：140－144．

［145］张秀娥，马天女．优化大学生创新创业生态系统［J］．中国高等教育，2018（3）：55 – 57.

［146］张秀娥，张坤．创业导向对新创社会企业绩效的影响——资源拼凑的中介作用与规制的调节作用［J］．科技进步与对策，2018，35（9）：91 – 99.

［147］张秀娥．创业者社会网络对新创企业绩效的影响机制［J］．社会科学家，2014（3）：12 – 17.

［148］张艳华，李秉龙．人力资本对农民非农收入影响的实证分析［J］．中国农村观察，2006（6）：9 – 16.

［149］张映红．公司创业理论的演化背景及其理论综述［J］．经济管理，2006（14）：6 – 12.

［150］张玉利，杨俊，任兵．社会资本、先前经验与创业机会——一个交互效应模型及其启示［J］．管理世界，2008（7）：91 – 102.

［151］张则月．农村水库移民创业研究［J］．现代商贸工业，2018（11）：86 – 88.

［152］赵德昭．农民工返乡创业绩效的影响因素研究［J］．经济学家，2016（7）：84 – 91.

［153］赵海涵，杨文健，唐钟鸣．水库移民中的人力资本结构优化［J］．技术经济，2016（10）：126 – 129.

［154］赵浩兴，张巧文．返乡创业农民工人力资本与创业企业成长关系研究——基于江西、贵州两省的实证分析［J］，华东经济管理，2013（1）.

［155］赵浩兴，张巧文．农村微型企业创业者人力资本对创业绩效的影响研究—以创业效能感为中介变量［J］．科技进步与对策，2013，30（12）：151 – 156.

［156］赵红，谢琼．基于系统动力学的创业者心理健康对创业绩效的影响研究［J］．数学的实践与认识，2018，48（20）：24 – 34.

［157］赵玲，田增瑞．创业拼凑、机会识别与社会企业绩效研究——管家文化的调节作用［J］．科技进步与对策，2021，38（7）：115 – 124.

[158] 赵青云. 创业者社会网络、创业机会识别与创业绩效关系的实证研究 [D]. 合肥：安徽财经大学，2016.

[159] 赵文红，孙万清. 创业者的先前经验、创业学习和创业绩效的关系研究 [J]. 软科学，2013，27（11）：53-57.

[160] 赵文娟. 大学生个性特质对创业意向的影响 [D]. 济南：山东财经大学，2016.

[161] 赵兴庐，刘衡，张建琦. 冗余如何转化为公司创业？——资源拼凑和机会识别的双元式中介路径研究 [J]. 外国经济与管理，2017，39（6）：54-67.

[162] 郑健壮，靳雨涵，段匡哲. 集群内网络关系对企业技术创业的影响：基于浙江的实证研究 [J]. 科研管理，2018，

[163] 郑山水. 社会关系网络对新创企业绩效影响的案例研究——以 N 公司为例 [J]. 前沿，2016（4）：56-63.

[164] 郑馨. 创业导向与组织绩效关系的研究述评——从直接关系到调节变量和中介变量的引入 [J]. 研究与发展管理，2008，20（4）：96-100，123.

[165] 中国社会科学院语言研究所词典室. 现代汉语词典. 第6版 [M]. 北京：商务印书馆，2012.

[166] 周广肃，谭华清，李力行. 外出务工经历有益于返乡农民工创业吗？[J]. 经济学（季刊），2017，16（2）：793-814.

[167] 周劲波，宋站阳. 社会网络、创业机会识别和众筹创业决策的关系研究 [J]. 延边大学学报（社会科学版），2020，53（3）：86-94，142.

[168] 周菁华. 农民创业绩效的影响因素分析——基于366个创业农民的调查数据 [J]. 江西财经大学学报，2013（3）：77-84.

[169] 周立新，苟靠敏，杨于桃. 政策环境、关系网络与微型企业创业成长 [J]. 重庆大学学报（社会科学版），2014，20（3）：70-76.

[170] 周立新，张超，魏宇竹. 父辈社会资本、先前经验、社会保障制度与移民创业机会识别——以三峡库区移民问卷调查为例 [J]. 重庆工商大学学报（社会科学版），2019，36（3）：21-27.

[171] 周立新. 家族社会资本、先前经验与创业机会识别：来自微型企业的实证 [J]. 科技进步与对策, 2014, 31 (19): 87 - 91.

[172] 周丽. 中小企业创业环境评价模型及实证研究 [J]. 中国流通经济, 2006, 20 (10): 42 - 45.

[173] 周卿钰, 李金霞. 企业人力资本、社会资本与心理特征的协同开发 [J]. 企业改革与管理, 2016 (16): 66.

[174] 周怡君. 社会网络关系对创新性创业决策的影响研究 [D]. 大连: 大连理工大学, 2018.

[175] 周易, 付少平. 失地农民的生计资本与生计策略关系研究——以陕西省杨凌区为例 [J]. 广东农业科学, 2012, 39 (5): 192 - 194.

[176] 朱红根, 康兰媛. 农民创业代际传递的理论与实证分析——来自江西 35 县 1716 份样本证据 [J]. 财贸研究, 2014 (4): 48 - 56.

[177] 朱华晟, 陈雅薇, 陈科比. 乡村社区环境对创业活动的影响——基于中国家庭追踪调查数据的研究 [C] // 2019 年中国地理学会经济地理专业委员会学术年会摘要集, 2019.

[178] 朱敏, 许家云. 金融市场发展与 FDI 研发溢出：基于人力资本创办新企业视角的分析 [J]. 东岳论丛, 2012 (1).

[179] 朱仁宏, 傅慧, 代吉林. 社会资本, 机会开发与新创企业绩效 [M]. 北京: 经济科学出版社, 2009.

[180] 朱仁宏. 创业研究前沿理论探讨——定义、概念框架与研究边界 [J]. 管理科学, 2004, 17 (4): 71 - 77.

[181] 庄晋财, 杨宇哲. 务工经历对返乡农民工创业能力提升的影响研究——基于人力资本累积的视角 [J]. 江苏大学学报 (社会科学版), 2020.

[182] 邹国庆, 尹雪婷. 商业模式设计与企业绩效：制度环境的调节作用 [J]. 数量经济研究, 2019, 10 (3): 178 - 192.

[183] Achidi Ndofor H. , Priem R. L. Immigrant entrepreneurs, the ethnic enclave strategy, and venture performance [J]. Journal of Management, 2011, 37 (3): 790 - 818.

[184] Aldrich H. E. , Waldinger R. Ethnicity and entrepreneurship [J].
Annual review of sociology, 1990, 16 (1): 111 – 135.

[185] Alfred Marshall, Strategic Planning [M]. New York: Free Press,
1979, 3: 163 – 172.

[186] Allen W. D. Social networks and self-employment [J]. The Journal
of socio-economics, 2000, 29 (5): 487 – 501.

[187] Ardichvili. A, Cardozo. R, Ray. S. A theory of entrepreneurial oppor-
tunity identification and development [J]. Journal of Business Venturing, 2003
(181): 105 – 123.

[188] Banton M, Hoselitz B. F. Sociological aspects of economic growth
[J]. American Journal of Sociology, 1960, 12 (1): 77.

[189] Barrett G. A, Jones T. P, McEvoy D. Ethnic minority business: The-
oretical discourse in Britain and North America [J]. Urban studies, 1996, 33
(4 – 5): 783 – 809.

[190] Bates T, Bradford W. D, Seamans R. Minority entrepreneurship in
twenty-first century America [J]. Small Business Economics, 2018: 9 – 13.

[191] Baù M, Sieger P, Eddleston K. A, et al. Fail but Try Again? The
Effects of Age, Gender and Multiple-Owner Experience on Failed Entrepreneurs'
Reentry [J]. Entrepreneurship Theory and Practice, 2017, 41 (6): 909 – 941.

[192] Becker G. S. Human capital [M]. University of Chicago Press, 1994.

[193] Beckert J, Zafirovski M. International encyclopedia of economic soci-
ology [M]. Routledge, 2013.

[194] Bloom D. E. Demographic dividend: New perspective on economic
consequences population change [J]. 2003.

[195] Brown T. E, Wiklund D. J. An operationalization of Stevenson's con-
ceptualization of entrepreneurship as opportunity-based firm behavior [J]. Strate-
gic Management Journal, 2001 (22): 55.

[196] Brush C, Ali A, Kelley D, et al. The influence of human capital fac-

tors and context on women's entrepreneurship: Which matters more? [J]. Journal of Business Venturing Insights, 2017, 8: 105 – 113.

[197] Busenitz, Lowell, W, et al. Country institutional profiles: unlocking entrepreneurial phenomena [J]. Academy of Management Journal, 2000, 43 (5): 994 – 1003.

[198] Cernea M. M. The economics of involuntary resettlement: Questions and challenges [M]. New York: World Bank Publications, 1999.

[199] Chaganti, R, and G reene, P. G. Who are ethnic entrepren eurs: A study of entrepreneurs' ethnic involvement and business characteristics [J]. Journal of Small Business M anagement, 2002, 40 (2): 126 – 143.

[200] Child, J. Strategic Choice in the Analysis of Action, Structure, Organizations and Environment: Retrospect and Prospect [J]. Organization Studies, 1972, 18 (1): 43 – 76.

[201] Coleman T, Lin P. L, Carney J, et al. Radiologic Responses in Cynomolgus Macaques for Assessing Tuberculosis Chemotherapy Regimens [J]. Antimicrob. Agents Chemother, 2013.

[202] Companys Y. E, Mcmullen J. S. Strategic Entrepreneurs at Work: The Nature, Discovery, and Exploitation of Entrepreneurial Opportunities [J]. Small Business Economics, 2007, 28 (4): 301 – 322.

[203] Covin Jeffrey G. , Slevin Dennis P. , Covin Teresa Joyce. Content and performance of growth-seeking strategies: A comparison of small firms in high-and low technology industries [J]. Elsevier, 1990, 5 (6): 117 – 124.

[204] Chandler G. N, Hanks S. H. Market attractiveness, resource-based capabilities, venture strategies, and venture performance [J]. Journal of Business Venturing, 1994, 9 (4): 331 – 349.

[205] Daniel W. Robertson, Peter R. Grant. Immigrant entrepreneurship from a social psychological perspective [J]. Journal of Applied Social Psychology, 2016, 46: 394 – 409.

[206] Deborah Belle, Diana Dill, Robin Burr. Children's network orientations [J]. Journal of Community Psychology, 1991, 19 (4): 362 –372.

[207] Delmar F, Shane S. Does the Order of Organizing Activities Matter for New Venture Performance? [J]. Social Science Electronic Publishing, 2003, 11 (7).

[208] Delmar Fred, Shane Scott, Does experience matter? The Effect of Founding Team Experience on the Survival and Sales of Newly Founded Ventures [J] Strategic Organization, 2006 (4): 215 –247.

[209] Donald W. Beard, Gregory G. Dess. Corporate-Level Strategy, Business-Level Strategy, and Firm Performance [J]. The Academy of Management Journal, 1981, 24 (4).

[210] Edna Bonacich. A Theory of Middleman Minorities [J]. American Sociological Review, 1973, 38 (5):

[211] Eisenhardt K. M, Schoonhoven C. Study of the Influence of Organizational, Entrepreneurial, and Environmental Factors on the Growth and Development of Technology-Based Start Up Firms [J]. 1987.

[212] Evans D. S, Jovanovic B. An estimated model of entrepreneurial choice under liquidity constraints [J]. Journal of political economy, 1989, 97 (4): 808 –827.

[213] Evans, E. D. R. Immigrant entrepreneu rship: Effects of ethnic market size and isolated labor pool [J]. American Sociological Review, 1989, 54 (6): 950 –962.

[214] Farooq M. S, Salam M, Rehman S. U, et al. Impact of Support from Social Network on Entrepreneurial Intention of Fresh Business Graduates: A Structural Equation Modeling Approach [J]. Education & Training, 2018, 60 (2).

[215] Ferragina, Emanuele. Membership Unlimited. Social Capital across European Regions [J]. Oxford University, 2010, 30 (4): 23 –35.

[216] Ferragina, Emanuele. Social Capital and Equality: Tocqueville's Legacy: Rethinking social capital in relation with income inequalities [J]. Toc-

queville Review/la Revue Tocqueville, 2010, 31 (1): 73 – 98.

[217] Francisco Liñán. Skill and value perceptions: how do they affect entrepreneurial intentions? [J]. International Entrepreneurship & Management Journal, 2008, 4 (3): 257 – 272.

[218] Fregetto E. Investigating the Impact of a Small Business Consulting Courseon Entrepreneurialattitudes [J]. Journal of Small Business Strategy, 2004, 25 (1): 46 – 81.

[219] Fregetto E. Immigrant and Ethnic Entrepreneurship [J]. 2004: 253 – 268. DOI: 10.4324/9780203356821. ch18.

[220] Gaglio C. M, Katz J. A. The Psychological Basis of Opportunity Identification: Entrepreneurial Alertness [J]. Small Business Economics, 2001, 16 (2): 95 – 111.

[221] Gainey T. W, Klaas B. S. The Outsourcing of Training and Development: Factors Impacting Client Satisfaction [J]. Journal of Management, 2003, 29 (2): 207 – 229.

[222] Gartner W. B. Is There an Elephant in Entrepreneurship? Blind Assumptions in Theory Development [J]. Springer Books, 2007, 25 (4): 27 – 39.

[223] Gartner, William, B. Is There an Elephant in Entrepreneurship? Blind Assumptions in Theory Development. [J]. Entrepreneurship Theory & Practice, 2001.

[224] Gaylen, N, Chandler, et al. Market attractiveness, resource-based capabilities, venture strategies, and venture performance [J]. Journal of Business Venturing, 1994.

[225] Gimeno J, Folta T. B, Cooper A. C, et al. Survival of the fittest? Entrepreneurial human capital and the persistence of underperforming firms [J]. Administrative science quarterly, 1997: 750 – 783.

[226] Gnyawali D. R, Fogel D. S. Dimensions and Research Implications. [M]. Palgrave Macmillan UK, 1994.

［227］ Granovetter M. The Strenght of Weak Ties ［J］. American Journal of Sociology, 1973: 78.

［228］ Greve A, Salaff J. W. Social Networks and Entrepreneurship ［J］. Entrepreneurship Theory & Practice, 2003, 28 (1): 1 – 22.

［229］ Haber S, Reichel A. The cumulative nature of the entrepreneurial process: The contribution of human capital, planning and environment resources to small venture performance ［J］. Journal of Business Venturing, 2007, 22 (1): 119 – 145.

［230］ Hart D. M, Acs Z. J. High-tech immigrant entrepreneurship in the United States ［J］. Economic Development Quarterly, 2011, 25 (2): 116 – 129.

［231］ Hayek M, Harvey M. Attention deficit/hyperactive disorder as an entrepreneurial "marker" among family business members ［J］. Journal of Family Business Management, 2012, 2 (1): 6 – 22.

［232］ Hodges D, Burchell N. Business Graduate Competencies: Employers' Views on Importance and Performance ［J］. Asia-Pacific Journal of Cooperative Education, 2003, 4 (2): 16 – 22.

［233］ Hoselitz B. F. The Influence of Cultural Factors on Technological Change in Developing Economies ［J］. Palgrave Macmillan UK, 1966.

［234］ Huselid M. A. The Impact of Human Resource Management Practices On Turnover, Productivity, And Corporate Financial Performance ［J］. Academy of Management Journal, 1995, 38 (3): 635 – 672.

［235］ Jacob Mincer, On-the-Job Training: Costs, Returns, and Some Implications ［J］, Journal of Political Economy, 1962, 70: 50 – 79.

［236］ Jeffry A. Timmons. New venture Creation ［M］. McGraw Hill Higher Education, 2008.

［237］ J Gimeno, Folta T. B, Cooper A. C, et al. Survival of the Fittest? Entrepreneurial Human Capital and the Persistence of Underperforming Firms ［J］. Administrative Science Quarterly, 1997: 42.

［238］JC Díaz-Casero，ÁM Díaz-Aunión，et al. Gender analysis of entrepreneurial intentions as a function of economic development across three groups of countries ［J］. International Entrepreneurship & Management Journal，2014，10 (4)：747－765.

［239］Junli Li，Qin Chen. Study on the Influence of entrepreneurial failure Learning on Opportunity Recognition ability of Migrant Workers ［J］. E3S Web of Conferences，2021：235.

［240］Conference B. C. E，Vesper K. H，Hornaday J. A，et al. Frontiers of entrepreneurship research：proceedings of the annual Babson College Entrepreneurship Research Conference ［M］. Center for Entrepreneurial Studies Babson College，1981.

［241］Kalnins，A，and Chung，W. Social capital，geography，and survival：Gujarati immigrant entrepreneurs in the US lodging industry ［J］. Management Science，2006，52 (2)：233－247.

［242］Kearney C，Hisrich R. D，Antoncic B. The mediating role of corporate entrepreneurship for external environment effects on performance ［J］. Journal of Business Economics and Management，2013，14 (2).

［243］Kerr W. R，Mandorff M. Social Networks，Ethnicity，and Entrepreneurship ［J］. National Bureau of Economic Research，Inc，2015，6 (1)：22－36.

［244］Klyver，Kim，Lomberg，et al. Human Capital And Nascent Entrepreneurship The Opportunity Cost of A New Job (Summary) ［J］. Frontiers of Entrepreneurship Research，2015.

［245］Kostova Z. Environmental education，research and practice，in Bulgaria ［J］. Environmentalist，1989，9 (2)：85－90.

［246］Lichtenstein B. B，Lumpkin G. T，Shrader R. C. Organizational learning by new ventures：concepts，strategies，and applications ［J］. Science in Law，2003，6 (6)：11－36.

［247］Light I，Karageorgis S. The ethnic economy ［J］. The handbook of economic sociology, 1994: 647 –671.

[248] Lindquist M, Sol J, Praag M. V. Why do Entrepreneurial Parents have Entrepreneurial Children? [J]. Tinbergen Institute Discussion Papers, 2014, 33 (2): 269 –296.

[249] Lusardi A, Mitchell O. S. Financial Literacy and Retirement Planning: New Evidence from the Rand American Life Panel [J]. Social Science Electronic Publishing, 2007 (5): 141 – 152. Matlay H, Dehghanpour Farashah A. The process of impact of entrepreneurship education and training on entrepreneurship perception and intention: Study of educational system of Iran [J]. Education & Training, 2013, 55 (8/9): 868 –885.

[250] Morris M. H, Webb J. W, Fu J, et al. A Competency-Based Perspective on Entrepreneurship Education: Conceptual and Empirical Insights [J]. Journal of Small Business Management, 2013, 51 (3): 352 –369.

[251] Mora M. T, Dávila A. Ethnic group size, linguistic isolation, and immigrant entrepreneurship in the USA [J]. Entrepreneurship & Regional Development, 2005, 17 (5): 389 –404.

[252] Ndofor H. A, Priem R. L. Immigrant Entrepreneurs, the Ethnic Enclave Strategy, and Venture Performance [J]. Journal of Management, 2011, 37 (3): 790 –818.

[253] North D. C. Institutions and the Performance of Economies Over Time [J]. 1990.

[254] Onphanhdala P. , T. Suruga. "Entrepreneurial Human Capital and Micro and Small Business in Lao PDR", The Developing Economies, 48, 2 (2010): 181 –202.

[255] Ozgen E, Baron R. A. Social sources of information in opportunity recognition: Effects of mentors, industry networks, and professional forums [J]. Journal of Business Venturing, 2007, 22 (2): 174 –192.

[256] Parker, Simon C. The economics of entrepreneurship [M]. Cam-

bridge University Pre, 2009.

［257］Piperopoulos P, Dimov D. Burst Bubbles or Build Steam? Entrepreneurship Education, Entrepreneurial Self-Efficacy, and Entrepreneurial Intentions ［J］. Journal of Small Business Management, 2014, 53 (4).

［258］Portes A, Zhou M. Gaining the upper hand: Economic mobility among immigrant and domestic minorities ［J］. Ethnic and racial studies, 1992, 15 (4): 491 –522.

［259］Priyanto S. H, Sandjojo I. Relationship between entrepreneurial learning, entrepreneurial competencies and venture success: empirical study on SMEs ［J］. International Journal of Entrepreneurship & Innovation Management, 2005, 5 (5/6): 454 –468.

［260］Pruthi S, Basu A, Wright M. Ethnicties, motivations, and home country entry strategy of transnational entrepreneurs ［J］. Journal of International Entrepreneurship, 2018: 1 –34.

［261］Rath J, Kloosterman R. Outsiders' business: A critical review of research on immigrant entrepreneurship ［J］. International Migration Review, 2000: 657 –681.

［262］Rauch A, Wiklund J, Lumpkin G. T, et al. Entrepreneurial Orientation and Business Performance: An Assessment of Past Research and Suggestions for the Future ［J］. Entrepreneurship Theory & Practice, 2010, 33 (3): 761 –787.

［263］Renzulli, Linda, A, et al. Family Matters: Gender, Networks, and Entrepreneurial Outcomes. ［J］. Social Forces, 2000, 5 (3): 211 –216.

［264］Rezaei, Shahamak, Goli, et al. Norm Divergence Opportunity Structure and Utilization of Self-Employed Immigrants' Qualifications. ［J］. Journal of Social Sciences, 2009, 5 (3): 163 –176.

［265］Richard P. J, Devinney T. M, Yip G. S, et al. Measuring Organizational Performance: Towards Methodological Best Practice ［J］. Journal of Management, 2009, 35 (3): 718 –804.

[266] Rindova V. P, Fombrun C. J. Constructing competitive advantage: the role of firm-constituent interactions [J]. Strategic Management Journal, 1999.

[267] Robert Lucas. On the Mechanics of Economic Development [J], Journal of Monetary Economics, 1988 (22): 3 - 42.

[268] Robert, A, Baron. The Role of Affect in the Entrepreneurial Process [J]. Academy of Management Review, 2008.

[269] Robin, Siegel, and, et al. Characteristics distinguishing high-growth ventures [J]. Journal of Business Venturing, 1993.

[270] Rory Miller. Miners, peasants, and entrepreneurs: regional development in the central highlands of Peru [J]. Journal of Latin American Studies, 1985, 17 (1).

[271] Rutherford, Matthew, A. Business Ethics as a Required Course: Investigating the Factors Impacting the Decision to Require Ethics in the Undergraduate Business Core Curriculum. [J]. Academy of Management Learning & Education, 2012 (2): 44 - 61.

[272] Sandberg William, Hofer Charles, Improving New Venture Performance: The Role of Strategy, Industry Structure, and the Entrepreneur, Journal of Business Venturing, 1987 (2): 5 - 24.

[273] Sanders J. M, Nee V. Immigrant self-employment: The family as social capital and the value of human capital [J]. American sociological review, 1996: 231 - 249.

[274] Scott Barrett. Macroeconomic analysis of environment policy [J]. Ecological Economics, 1995, 12 (3).

[275] Sequeira J. M, Rasheed A. A. Start-up and growth of immigrant small businesses: the impact of social and human capital [J]. Journal of Developmental Entrepreneurship, 2006, 11 (4): 357 - 375.

[276] Shane S, Venkataraman S. The Promise of Entrepreneurship As A Field of Study [J]. The Academy of Management Review, 2013, 25 (1): 217 - 226.

[277] Shinnar R. S, Hsu D. K, Powell B. C. Self-efficacy, entrepreneurial intentions, and gender: Assessing the impact of entrepreneurship education longitudinally [J]. The International Journal of Management Education, 2014, 12 (3): 561 –570.

[278] Shinnar R. S, Young C. A. Hispanic immigrant entrepreneurs in the Las Vegas metropolitan area: motivations for entry into, and outcomes of self-employment [J]. Journal of Small Business Management, 2008, 46 (2): 242 –262.

[279] Siegel R, Siegel E, Macmillan I. C. Characteristics distinguishing high-growth ventures [J]. Journal of Business Venturing, 1993, 8 (2): 169 –180.

[280] Solevik M, Westhead P, Matlay H. Cultural factors and entrepreneurial intention: the role of entrepreneurship education [J]. Education & Training, 2014, 56 (8/9): 680 –696.

[281] Tano S. Regional clustering of human capital: school grades and migration of university graduates [J]. The Annals of Regional Science, 2014: 52.

[282] Van Praag, Mirjam, Vijverberg, Wim. Entrepreneurship Selection and Performance [J]. World Bank Economic Review, 2005, 19 (2).

[283] Wei Z, Li-Li E. Risk, Entrepreneurship, and Human—capital Accumulation [J]. Research On Financial and Economic Issues, 2001, 88 (2): 454 –457.

[284] Weick, K. E. Argument and Narration in Organizational Communication [J]. Journal of Management, 1986, 12 (2): 243 –259.

[285] Wellman B, Salaff J, Dimitrova D, et al. Computer Networks as Social Networks: Collaborative Work, Telework, and Virtual Community [J]. Annual Review of Sociology, 2003, 22 (1): 213 –238.

[286] Wenhua W, Zhuo Z, Qi H. Research on Relationship of R&D Investment and Firm Performance Based on Moderating Effect of Human Capital of Top Management Team [J]. Forum on Science and Technology in China, 2014.

[287] Wenjun He, Ying Wang, Hui Liu, et al. What Influence Chinese

Rural Migrant Workers' Opportunity Identification Level in Tourism Industry [P]. Proceedings of the 1st International Conference on Business, Economics, Management Science, 2019: 7

[288] Yang Y. Research on the Relationship between Entrepreneurial Environment and Entrepreneurial Activities Based on Dimensions [J]. Journal of Industrial Technological Economics, 2010, 14 (1).

[289] Yuengert A. M. Faith and Money How Religion Contributes to Wealth and Poverty [M]. Cambridge University Press, 1993.

# 附　　录

**表 1**　　　　　　　　　**整体量表的信度分析结果**

| 变量类型 | 变量名称 | Cronbach's α 值 | 题项数量 | 参考范围 |
|---|---|---|---|---|
| 被解释变量 | 创业绩效 | 0.946 | 7 | >0.7 |
| 解释变量 | 培训强度 | 0.658 | 3 | <0.7 |
| | 身体健康 | 0.801 | 3 | >0.7 |
| | 心理健康 | 0.842 | 3 | >0.7 |
| 中介变量 | 创业机会识别 | 0.867 | 4 | >0.7 |
| | 社会网络 | 0.834 | 3 | >0.7 |
| 调节变量 | 义务教育阶段学校软件能力 | 0.928 | 6 | >0.7 |
| | 制度环境 | 0.960 | 5 | >0.7 |
| | 社区环境 | 0.922 | 5 | >0.7 |

资料来源：根据调研数据整理。

**表 2**　　　　　　　　　**整体量表的效度分析结果**

| 变量类型 | 变量名称 | KMO 值 | Bartlett 球性检验的 P 值 | 参考范围 |
|---|---|---|---|---|
| 被解释变量 | 创业绩效 | 0.887 | 0.000 | >0.7 |
| 解释变量 | 培训强度 | 0.605 | 0.000 | <0.7 |
| | 身体健康 | 0.696 | 0.000 | <0.7 |
| | 心理健康 | 0.669 | 0.000 | <0.7 |
| 中介变量 | 创业机会识别 | 0.798 | 0.000 | >0.7 |
| | 社会网络 | 0.831 | 0.000 | >0.7 |
| 调节变量 | 义务教育阶段学校软件能力 | 0.891 | 0.000 | >0.7 |
| | 制度环境 | 0.886 | 0.000 | >0.7 |
| | 社区环境 | 0.881 | 0.000 | >0.7 |

资料来源：根据调研数据整理。

# 2021 年新生代移民人力资本与创业调查问卷

| No. | 内容 | 选项 | | | | |
|---|---|---|---|---|---|---|
| 1. | 年龄 | （　　）岁 | | | | |
| 2. | 性别 | （1）男　　　　　（2）女 | | | | |
| 3. | 您现在的婚姻状况 | （1）单身　　　（2）未婚　　　　（3）已婚<br>（4）离婚　　　（5）其他 | | | | |
| 4. | 您的受教育年限为 | （　　）年 | | | | |
| 5. | 您搬迁到此地的时间为多少年 | （1）1~3 年　　　（2）4~6 年　　　（3）7~10 年<br>（4）11~15 年　　（5）15 年以上 | | | | |
| 6. | 您是否已经创业 | （1）是　　　　　（2）否 | | | | |
| 7. | 您创业选择的组织形式为 | （1）合伙经营　　　（2）个体户　　（3）股份合作<br>（4）独自出资创办　（5）合作社　　（6）其他 | | | | |
| 8. | 您目前从事的行业是 | （1）电商行业　　（2）建筑建材　　（3）服装纺织<br>（4）餐饮住宿　　（5）农林牧渔　　（6）零售批发<br>（7）教育培训　　（8）医疗保健　　（9）旅游休闲<br>（10）居民服务　（11）交通运输　（12）其他 | | | | |
| 9. | 您创业的初始资金来源为 | （1）自有资金　　（2）亲戚朋友借款<br>（3）银行贷款　　（4）政府补贴<br>（5）其他 | | | | |
| 10. | 目前您的家庭年收入水平大概在什么范围 | （1）3 万~5 万元　　　　（2）6 万~8 万元<br>（3）9 万~11 万元　　　（4）12 万~14 万元<br>（5）15 万元及以上 | | | | |
| 11. | 您父母选择教育资源的标准 | （1）没有标准　　（2）就近原则　　（3）搬迁就读<br>（4）在能力范围内择优　（5）超出能力范围择优 | | | | |
| | | 完全<br>不符合 | 比较<br>不符合 | 中立 | 比较<br>符合 | 完全<br>符合 |
| 12. | 您父母非常看重孩子的教育投资（择校/补习/文具/练习册等花费） | 1 | 2 | 3 | 4 | 5 |
| 13. | 与父辈相比，您的接受力更强、思想更开放、更个性化 | 1 | 2 | 3 | 4 | 5 |

| No. | 内容 | 选项 | | | | |
|---|---|---|---|---|---|---|
| 14. | 与父辈相比，您的思维模式偏向于发散、创新和拓展 | 1 | 2 | 3 | 4 | 5 |
| 15. | 与父辈相比，您更渴望融入社会、自我实现并敢于展示自我 | 1 | 2 | 3 | 4 | 5 |
| 16. | 与父辈相比，您的承担风险的能力更强 | 1 | 2 | 3 | 4 | 5 |
| 17. | 您具有专业的技能、知识和经验 | 1 | 2 | 3 | 4 | 5 |
| 18. | 您的职业技能证书级别为 | (1) 无　　　　(2) 初级以下　　　　(3) 初级<br>(4) 中级　　　　(5) 高级 | | | | |
| 19. | 您所创事业整体运营情况良好 | 1 | 2 | 3 | 4 | 5 |
| 20. | 您所创事业盈利状况很好 | 1 | 2 | 3 | 4 | 5 |
| 21. | 您所创事业规模是否扩大 | 1 | 2 | 3 | 4 | 5 |
| 22. | 您所创事业市场占有率（销售量/业务量等）不断增大 | 1 | 2 | 3 | 4 | 5 |
| 23. | 您总结或提出的新技术、新方法的应用给所创事业带来经济效益 | 1 | 2 | 3 | 4 | 5 |
| 24. | 您总结或提出的新技术、新方法被他人肯定 | 1 | 2 | 3 | 4 | 5 |
| 25. | 您总结或提出的新技术、新方法被他人效仿和应用 | 1 | 2 | 3 | 4 | 5 |
| 26. | 您经常联系的亲戚朋友数量 | (1) 0 个　　　　(2) 1~3 个　　　　(3) 4~6 个<br>(4) 7~10 个　　(5) 10 个以上 | | | | |
| 27. | 您的亲戚朋友是干部的数量（政府或企业） | (1) 0 个　　　　(2) 1~3 个　　　　(3) 4~6 个<br>(4) 7~10 个　　(5) 10 个以上 | | | | |
| 28. | 您经常通过互联网新媒介（微博/微信/QQ）建立您的社会关系 | 1 | 2 | 3 | 4 | 5 |
| 29. | 您是否发现过创业机会 | (1) 是　　　　　(2) 否 | | | | |
| 30. | 您打算创业时总是比别人先发现商机 | 1 | 2 | 3 | 4 | 5 |
| 31. | 您了解人们需要的产品/服务的信息和知识 | 1 | 2 | 3 | 4 | 5 |
| 32. | 您能够很快对商机进行取舍<br>您了解改进现有产品或服务的信息 | 1 | 2 | 3 | 4 | 5 |

| No. | 内容 | 选项 | | | | |
|---|---|---|---|---|---|---|
| 33. | 您的最高学历学校侧重培养的内容 | （1）通识教育和素质教育<br>（2）职业技能实践培训 | | | | |
| 34. | 您是否有担任过学生干部（义务教育阶段） | （1）是　　　　　（2）否 | | | | |
| 35. | 您是否参加过课外辅导班（义务教育阶段） | （1）是　　　　　（2）否 | | | | |
| 36. | 您的小学学校位于 | （1）农村（乡镇村）　　（2）县城<br>（3）区（地级市）　　（4）省会城市（直辖） | | | | |
| 37. | 您的初中学校属于 | （1）普通学校　（2）中心学校（中小学）<br>（3）区县重点　（4）市级重点　（5）省级重点 | | | | |
| 38. | 在义务教育阶段，您的学校具有优质的硬件设施（教学楼、图书馆、体育场、实验室、多媒体教学设备、学生食堂、住宿条件等） | 1 | 2 | 3 | 4 | 5 |
| 39. | 在义务教育阶段，您的学校的生源丰富 | 1 | 2 | 3 | 4 | 5 |
| 40. | 在义务教育阶段，您的学校的教学质量优良 | 1 | 2 | 3 | 4 | 5 |
| 41. | 在义务教育阶段，您的学校拥有个性的文化 | 1 | 2 | 3 | 4 | 5 |
| 42. | 在义务教育阶段，您的学校拥有特色的教学方法 | 1 | 2 | 3 | 4 | 5 |
| 43. | 在义务教育阶段，您的学校拥有师德高尚和业务精良的教师队伍 | 1 | 2 | 3 | 4 | 5 |
| 44. | 在义务教育阶段，您的学校有跨校、跨地区的资源相互开放与共享 | 1 | 2 | 3 | 4 | 5 |
| 45. | 您是否参加过培训 | （1）是　　　　　（2）否 | | | | |
| 46. | 您参加的大部分培训内容为（多选） | （1）专业技能　（2）创业实践　（3）管理培训<br>（4）市场经济形式　（5）其他 | | | | |
| 47. | 您的培训经历与现今的创业项目联系紧密 | 1 | 2 | 3 | 4 | 5 |

| No. | 内容 | 选项 | | | | |
|---|---|---|---|---|---|---|
| 48. | 您参加的培训次数 | (1) 0次　　　(2) 1~3次　　　(3) 4~6次<br>(4) 7~9次　　　(5) 10次及以上 | | | | |
| 49. | 您大部分的培训持续时间为 | (1) 一周　　　(2) 1个月以内　　(3) 2~3个月<br>(4) 4~5个月　　(5) 6个月及以上 | | | | |
| 50. | 您认为自己的身体素质比较好 | 1 | 2 | 3 | 4 | 5 |
| 51. | 您在过去一年内生病次数极少 | 1 | 2 | 3 | 4 | 5 |
| 52. | 您在过去一年内没有因为身体不适去过医院 | 1 | 2 | 3 | 4 | 5 |
| 53. | 在生活中，您的情绪控制能力较强 | 1 | 2 | 3 | 4 | 5 |
| 54. | 在生活中，您的抗挫能力较强，正视现实 | 1 | 2 | 3 | 4 | 5 |
| 55. | 在生活中，您没有社交障碍，善于与人相处 | 1 | 2 | 3 | 4 | 5 |
| 56. | 您有过外出打工/在本地打工的经历吗 | (1) 是　　　　　(2) 否 | | | | |
| 57. | 您在现今的创业之前是否有过其他的创业经历 | (1) 是　　　　　(2) 否 | | | | |
| 58. | 您拥有管理的工作经历 | (1) 是　　　　　(2) 否 | | | | |
| 59. | 您拥有企事业单位的工作经历 | (1) 是　　　　　(2) 否 | | | | |
| 60. | 您拥有民营企业工作的经历 | (1) 是　　　　　(2) 否 | | | | |
| 61. | 您的工作经历比较丰富（数量多或者跨行业） | 1 | 2 | 3 | 4 | 5 |
| 62. | 政府积极为移民就业搭建平台、提供机会 | 1 | 2 | 3 | 4 | 5 |
| 63. | 政府积极为创业人群提供融资帮助或财税政策倾斜 | 1 | 2 | 3 | 4 | 5 |
| 64. | 政府积极为新创业人群提供扶持措施 | 1 | 2 | 3 | 4 | 5 |
| 65. | 政府积极支持创业活动发挥有效作用 | 1 | 2 | 3 | 4 | 5 |
| 66. | 政府积极支持所有市民开展创业活动 | 1 | 2 | 3 | 4 | 5 |
| 67. | 您能通过参与合作社等社会团体获得组织对您创业的帮助 | 1 | 2 | 3 | 4 | 5 |

| No. | 内容 | 选项 | | | | |
|---|---|---|---|---|---|---|
| 68. | 您所在的社区鼓励创业和创新 | 1 | 2 | 3 | 4 | 5 |
| 69. | 您所在的社区高度赞扬通过个人努力取得成功 | 1 | 2 | 3 | 4 | 5 |
| 70. | 您所在的社区尊重参与创业活动的成员 | 1 | 2 | 3 | 4 | 5 |
| 71. | 您所在的社区村民相互相帮助程度高 | 1 | 2 | 3 | 4 | 5 |